本书受国家自然科学基金资助项目（71702002）、北京市教育□□目（SM201910009007）、教育部人文社会科学研究青年基金项目□□工业大学青年毓优人才项目（107051360021XN083／094）、北方工业□□经费经管学院项目（203051330016）支持

经管类精品教材

营销调研

涂剑波 编著

● 工商管理专业营销管理方向选修课程
● 深入学习营销调研的相关技能和方法
● 掌握获取数据、分析问题和解决问题的能力

知识产权出版社

全国百佳图书出版单位

——北京——

图书在版编目（CIP）数据

营销调研/涂剑波编著. —北京：知识产权出版社，2022.5

ISBN 978 - 7 - 5130 - 8094 - 1

Ⅰ.①营…　Ⅱ.①涂…　Ⅲ.①市场调查　Ⅳ.①F713.52

中国版本图书馆 CIP 数据核字（2022）第 045345 号

责任编辑：江宜玲　　　　　　　　　　责任校对：潘凤越

封面设计：智兴设计室·段维东　　　　责任印制：刘译文

营销调研

涂剑波　　编著

出版发行：	知识产权出版社 有限责任公司	网　址：	http://www.ipph.cn
社　址：	北京市海淀区气象路 50 号院	邮　编：	100081
责编电话：	010 - 82000860 转 8339	责编邮箱：	jiangyiling@cnipr.com
发行电话：	010 - 82000860 转 8101/8102	发行传真：	010 - 82000893/82005070/82000270
印　刷：	三河市国英印务有限公司	经　销：	新华书店、各大网上书店及相关专业书店
开　本：	720mm×1000mm　1/16	印　张：	10
版　次：	2022 年 5 月第 1 版	印　次：	2022 年 5 月第 1 次印刷
字　数：	112 千字	定　价：	59.00 元

ISBN 978 - 7 - 5130 - 8094 - 1

前　言

随着市场经济的不断发展，营销调研在企业市场营销、战略管理中发挥着越来越重要的作用。营销调研是组织或个人为了更好地实施决策，制订数据收集的计划，通过不同的方法进行数据收集，并运用统计分析方法对数据进行分析，根据分析结果来指导企业决策的过程。由于市场环境不断变化，组织在决策时，常常会面临信息不对称的情况。营销调研能够帮助组织更好地了解市场的状况、消费者的需求情况，从而更有效地制定营销策略，并更好地实施企业营销策略。

营销调研是工商管理专业营销管理方向的选修课程之一。它是企业了解市场和把握消费者需求的重要手段，也是辅助企业决策的基本工具。对于现代管理者来说，熟悉和掌握营销调研的方法和技能非常必要。"营销调研"课程，通过课堂讲授、案例讨论、上机实验和实地调研等，使学生：对营销调研的基本步骤和方法有比较全面的了解；能够针对企业所面临的市场营销问题，运用所学的营销调研方法与知识系统地收集、整理、分析和报告有关市场营销数据；

从而为企业了解和把握市场机遇，解决市场营销过程中所存在的问题以及制订、实施和评估市场营销方案提出合理化建议。

在理论教学方面，"营销调研"作为国内工商管理专业的核心课程之一，不仅能够让工商管理专业学生深入学习营销的相关技能和方法，还能帮助学生更好地掌握获取数据、分析问题和解决问题的能力。通过讲授"营销调研"课程，工商管理专业教师也能进一步提高营销理论知识水平，积累更多的营销调研方法和技能，从而更好地培养本校工商管理专业的本科生和研究生。

基于此，本教材主要从以下四个方面展开。

（1）通过案例介绍，引入营销调研的概念和基本内容，使读者能够深入理解营销调研的定义，掌握营销调研的主要内容，为以后的市场调研工作做积极准备。

（2）将基本理论与实际案例相结合，介绍营销调研计划的制订以及营销调研的基本程序，使读者能够迅速掌握营销调研的具体工作和操作步骤，从而更好地指导营销调研实践。

（3）深入介绍二手资料收集法、定性调研法、定量调研法、量表设计和问卷设计，使得读者能够全面掌握营销调研的各类方法，灵活地使用这些方法来有效获取企业或消费者的数据，为数据分析做准备。

（4）介绍抽样统计方法、调研资料的整理与分析以及调研报告的撰写。为了更有效地实施营销调研方案，需要了解和掌握抽样统计的基本方法。通过调研获取研究数据后，还需要掌握如何对研究数据进行整理、录入、编码、分析等各项工作，从而得到准确的分析结果。最终，使用这些分析结果，结合企业实际情况，完成调研报告，并提供给企业作为营销或管理决策的参考。

编者

2021 年 9 月于北京石景山

目　录

第1章　营销调研概述

学习目标

了解：营销调研的基本含义、分类方式

理解：营销调研的基本内容

掌握：营销调研的程序

引　例

方便湿面的诞生

2020 年春节至今，有一类产品销售特别火爆，尤其是在 2～5 月，大部分厂家的销量翻了几番！

无独有偶，2021 年中秋国庆大长假，在各大新闻网站上"高速堵车"一度成了热门话题，被新冠肺炎疫情压制的旅游市场顿时爆发，中国各大热门景点人头攒动，熙熙攘攘，甚是热闹！在这种情况下，方便面是很多旅客外出就餐的首选。2015—2019 年，中国出游人数稳定增长，2019 年突破 60 亿人次。根据 2022 年 5 月发改委公布的数据，中国每 100 户家庭拥有 37 辆汽车。有了汽车，家庭活动的范围扩大，出游的概率大大增加，这几年的亲子游项目相当火爆就是例证。

但不管是出差还是出游，饮食条件都会大受限制，无法在一个熟知稳定的环境下解决就餐问题是旅客出行的一大烦恼。出行途中的诸多不确定性，导致旅客常常错过饭点。虽然中国高铁发展迅速，旅途用时大大缩短，但由于受到价格等因素影响，旅客总会带上方便面、火腿肠、面包等方便食品充饥。

国内出行前旅客通常会带上方便面，有些出国的旅客因吃不惯西餐也会自备方便面出国。作为出行的热门食品，方便面伴随中国改革开放得到快速发展，是中国经济发展的见证，市场规模高达 500 亿元。

市面上有很多种面条，各具特色，常见的有油炸方便面和挂面，其他几种面知道的人甚少。可是从方便程度来讲，方便湿面拔得头筹。

方便湿面的进入门槛比较高，一条生产线造价 3000 多万元。为了确保湿面的安全卫生，湿面需要在十万级净化无菌车间中生产，生产过程中对每个环节及细节的要求非常高。

作为方便面起源国，日本的面业发展具有可参考性。日本的挂面（干面）销量从 1989 年到 2017 年其实是负增长的，增速是 −1.28%，但是方便面销量增速是 1%，湿面销量增速达到 0.8%。可以预见，日本面业发展的现状将会是中国日后的趋势，挂面（干面）会逐渐被湿面、方便面所替代。得益于消费升级，方便湿面作为第三代方便面正逐渐被国民所接受，这几年得到了很好的发展。国内容器类湿面主要以"南街村""克明面业""曹操饿了"等品牌为主，其中2018年上市的"曹操饿了"即食拌面最为突出。下面我们分析它是如何在方便面市场竞争如此激烈的情况下成功上位的。

"曹操饿了"这一名字既有趣又好记，完全适应当今流量经济时代，从既定认知中引流可节省大量的传播成本（认知引流）。

方便湿面的优点非常突出，面条事先蒸煮过，因此无须再煮，稍微加热（开水烫一下或微波加热一下）就可以食用，可以称得上是最方便的方便面了（用时1分钟即可）。"曹操饿了"精准定位即食拌面。拌面在中国面食文化里由来已久，源远流长，武汉热干面、北京炸酱面、上海葱油拌面等都是耳熟能详的经典拌面品种。"说曹操，曹操到"的"快"的内涵运用到即食拌面里主要得益于"速热60秒"的操作。这种定位非常符合当前快节奏下的"快食尚"。

"曹操饿了"看准中国蓬勃发展的出行市场，考虑如何在鞍马劳顿的差旅途中解决健康、安全、卫生的饮食痛点，解决来不及吃饭又能吃得好的问题和与外卖竞争的问题。由此，"曹操饿了"拌面套餐应运而生。

套餐通常给人高档、品种丰富、能吃饱的印象。顾名思义，拌面套餐就是一份高规格的拌面。接下来看看，这个套餐里究竟有些什么呢？

（1）盒子的形状。碗为六角形，盖子即汤碗，这种造型有别于市面上其他容器造型（包装差异化），是非常有特点的一款包装。6个滤水口的人性化设计省去用叉子猛戳碗盖的麻烦，盖子汤碗的设计恰到好处，容量为 200ml，足以冲调一碗紫菜蛋花汤。

（2）配料。拌面好吃就好吃在炒料上，炒料是拌面的灵魂。"曹操饿了"为了满足日益挑剔的消费者，再度升级调味方式，要让拌面吃出餐饮厨房味来：采用真材实料的炒制方式，严选食材，大厨指导，匠心炒制，高标准系统化无菌车间制作，确保炒料的美味和健康安全。

（3）面体。面体是非油炸乳酸保鲜面条，脂肪含量为油炸面的 1/4，乳酸可以促进肠胃更好地吸收，加热只需 60 秒，非常的方便快捷。

（4）贴心。粉色和白色相间的筷子和汤勺让方便演绎到极致。

旅客在旅途中吃上这样一份拌面套餐，可享受健康饮食。因为这款产品不是普通的油炸方便面，而是新一代的健康方便速食面。

随着人们消费水平的快速升级、堂食产品价格的提升、外卖送餐补贴的取消和产品单价的提高，以及方便面产品自身的快速升级，同时基于方便面的方便特性和特殊时期的战略储备性特征，在诸多因素的共同作用下，方便面的销售必将持续火爆！

资料来源：桂卫荣. 这个品类很火 ［EB/OL］. ［2020 - 10 - 08］. http：//www. emkt. com. cn/article/671/67127. html.

讨论与思考：

1. 方便湿面是一种什么样的食品？

2. 您觉得方便湿面的市场前景怎么样？

3. 如何预测和了解消费者对方便湿面的购买意向？如何获取信息以帮助方便湿面企业制定合理的营销策略？

1.1　营销调研的概念

1.1.1　市场的概念

市场起源于古时，是人们对于在某个固定时段或地点进行交易的场所的称呼，即买卖双方进行交易的场所。因此，市场具有两层含义：其一是交易的场所，如农贸市场、工艺品交易市场等；其二是在交易场所中，要发生人与人之间的交易行为。从广义上来说，市场包括了对商品所有权进行转移和交换的所有关系。

按照购买者的购买目的和身份，可以把市场划分为消费者市场、生产商市场、政府市场。按照企业的角色，可以把市场划分为购买市场和销售市场。按照产品或服务供给方的状况，可以把市场划分为完全竞争市场、完全垄断市场、垄断竞争市场、寡头垄断市场等。按照地理位置，可以把市场划分为城市市场和农村市场。按照经营产品的专业性和综合性，可以把市场划分为专业性市场和综合性市场。按照交易对象是否具有物质实体，可以把市场划分为有形产品市场和无形产品市场。

1.1.2　营销调研的概念

营销调研，是为了进行有效的市场营销而开展的调查与研究活动[1]。营销调研收集、记录、分析影响企业活动的外部因素，以及与企业生产销售相关的信息资料，针对市场环境、营销机会以及营销战略提出分析报告，提供给企业管理层决策参考。美国市场营销学会（AMA）将营销调研定义为，通过信息资料的收集，而使组织与其市场相适应的功能性手段。李桂华等指出，营销调研是运用科学的方法和合适的手段，系统地收集、整理、分析和报告有关营销信息，以帮助企业、政府和其他机构及时、准确地了解市场机遇，发现市场营销过程中的问题，正确制定、实施和评估市场营销策略和计划的活动[2]。

营销调研是为了形成特定的市场营销决策，采用科学的方法和客观的态度，对市场营销决策以及市场营销有关问题所需的信息，进行系统的收集、记录、整理和分析，以了解市场活动的现状和预测未来发展趋势的一系列活动过程[3]。

1.1.3 营销调研的特点

营销调研具有目的性、实践性、普遍性、经营性、不确定性、时效性等特征。

1. 目的性

企业人员和研究人员开展营销调研，均是为了实现一定的目标，如获取某方面的市场信息，通过信息分析，为企业营销决策提供有益的依据。

2. 实践性

企业人员和研究人员开展的营销调研，是与企业营销实践相关的调研，通过营销调研得到的分析结果，也需要在企业营销实践中去检验。为了保证营销调研的准确性，企业人员和研究人员也需要在实践中获取相关数据信息。

3. 普遍性

营销调研发生在组织和人们生活的各个方面，从新产品开发到销售策略的制定、推广方案的实施、消费者购买行为的预测等，都需要进行营销调研。通过营销调研，企业才能深入了解市场和消费者的状况，制定更加合理的决策和方案。

4. 经营性

营销调研是以某类产品的营销活动为中心或者是为了完成某个市场研究目标而开展的活动，因此它与企业的经营和营销存在紧密的联系。通过营销调研进行数据分析，得到的营销调研报告，也是为企业的经营和营销决策服务的。

5. 不确定性

企业人员和研究人员开展营销调研工作，会受到很多不确定因素的影响。例如，由于宏观经济因素的影响，不同地区、不同身份的调查者对同一信息的看法会有很大的差异，同一调查者在不同地点、不同时间对同一信息的看法也会存在很大的差异，这些都可能会影响营销调研的结果。

6. 时效性

营销调研具有很强的时效性，在某个阶段得到的营销调研分析结果，只能反映和解释在这个时间段的数据结果。如果间隔了较长时间，之前的营销调研结果就无法解释现今的市场状况。

1.2　营销调研的基本内容

通过对与市场经营活动相关的数据和资料进行收集、整理、分析、验证和报告，营销调研可帮助营销人员做出科学决策。具体包括：市场调研与决策的关系，收集资料和研究设计的理论和方法，传递信息的理论和方法，抽样设计的理论和方法，营销数据资料处理的理论和方法，资料分析和解释的理论和方法，如何提出研究成果[1]。营销调研的基本内容具体包括以下八个方面。

1.2.1　个人消费者市场研究

在营销调研中，最基本的内容就是进行个人消费者市场的调研。具体包括：消费者心理研究、消费者购买力研究、消费者购买行为研究、消费者类别研究、消费者品牌偏好研究、消费者态度研究等多个方面。个人消费者市场研究，能够帮助企业更好地了解消费者对产品和品牌的偏好，制定合理的营销决策。

1.2.2 产业市场研究

产业市场研究又被称为生产商市场研究，具体包括：宏观经济研究、微观经济研究、企业购买行为研究等。产业市场研究，可以帮助生产商更好地进行企业对企业的营销，维护好企业与上游供应商和下游经销商的关系。

1.2.3 目标市场研究

目标市场研究的具体内容包括：宏微观环境分析与研究、市场机遇与威胁研究、市场细分和目标市场选择研究、市场规模和市场潜力研究、市场定位预测与研究等多个方面。目标市场研究，能够帮助企业对市场总体状况以及目标市场进行深入的了解，并帮助企业更好、更快地找到目标客户，开展企业营销工作。

1.2.4 产品研究

产品研究的具体内容包括：产品生命周期研究、产品的创意和构想研究、新产品开发的程序研究、新产品的投放前景研究、产品品牌研究、产品包装测试研究、品牌名称预测研究、产品支持性服务研究等多个方面。

1.2.5 价格研究

价格研究的具体内容包括：产品的成本研究、产品的价格弹性研究、价格策略的预测与分析等多个内容。

1.2.6 分销渠道研究

分销渠道研究的具体内容包括：分销渠道的结构分析、企业的经销商研究、分销渠道的上下游关系研究、分销渠道的效果研究、运输与仓储研究。

1.2.7 促销研究

促销研究的具体内容包括：促销手段分析与研究、促销手段的效果研究、数字营销媒体使用研究。

1.2.8 市场竞争研究

市场竞争研究主要包括两方面的研究内容：一是对竞争形势的一般性研究，包括企业的市场占有率分析、企业竞争方式分析；二是针对竞争对手的研究，包括对比分析产品质量、价格、分销渠道、促销手段等。

1.3　营销调研的程序

营销调研的程序具体包括问题或机会的识别、设计和制订营销调研方案、选择调研方法、样本设计、数据收集、数据整理和分析。

1.3.1　问题或机会的识别

营销调研的第一步，就是要识别问题或机会。企业或市场研究人员，在开展营销调研之前，需要了解企业在市场营销方面面临的问题，以及市场存在哪些有利的机会，根据这些问题或机会，有针对性地深入研究和调研。

1.3.2　设计和制订营销调研方案

明确了企业营销中存在的问题以及市场中存在的机会，营销调研的第二步是设计和制订营销调研方案。在营销调研方案中，需要做到明确营销调研的目的、设计营销调研的内容和手段、规定营销调研的具体安排和时间、确定营销调研的对象和实施对象、确定营销调研的方法、确定营销调研的组织，进行营销调研的预算设计。

1.3.3 选择调研方法

设计和制订好营销调研方案后，为了有效地开展营销调研工作，就需要选择和制定好调研的方法：是采取定性调研法，还是定量调研法？例如，调研消费者在肯德基门店中对食品品类的偏好，最好是使用观察法为主的定性调研法，这样能够获得真实而准确的调研数据，得到更为有效和合理的分析结果。

1.3.4 样本设计

选择了调研方法后，还需要考虑样本的设计，即需要调研多少数量的群体，才能获得满意的调研结果。这就涉及样本的选择和设计工作。在本书的后续章节中，会做详细介绍。

1.3.5 数据收集

设计好了样本，就需要实施营销调研方案：通过已经选择的调研方法，收集调研数据。例如，深度访谈法获取相关调研数据的方式是通过调研人员的记录以及录音笔等设备进行记录。

1.3.6 数据整理与分析

在获取了营销调研数据之后，调研人员就需要对收集的营销调研信息资料进行整理、录入、审核、分析等工作，获取全面而准确的分析结果，并形成营销调研报告，提供给企业管理者，帮助其进行营销决策。

❓思考题

1. 什么是营销调研？

2. 营销调研有哪些特点？

3. 营销调研有哪些具体的程序？

第2章 营销调研方案设计

引 例

蒙牛的营销手段

一、事件营销

20世纪末，蒙牛公司向呼和浩特市的街道投放300块广告牌，上面标注着口号：向伊利学习，为民族工业争气，争创内蒙古乳业第二品牌！市民纷纷猜想口号的用意以及蒙牛的目的。不久之后，在大家议论热烈之时，部分广告牌突然在某天深夜被砸毁，这更引发了大家的好奇。在原来讨论的基础之上，大家又在猜测：是谁破坏了广告牌？为什么要砸掉它们？很长一段时间内，蒙牛一直是人们茶余饭后的话题。蒙牛的知名度也由此不断上升，大家开始纷纷购买蒙牛旗下的产品，因为想知道：发生一次次神秘事件、不断引起人们注意的产品到底是什么样的？就这样，蒙牛在大家的好奇中，销售量不断上升。

二、价格策略

乳制品是生活必需品，人们的需求量大，但品牌众多，因此需求弹性较大。但是对于不同的消费者群体，需求弹性存在较大差异，收入较高的消费者对于钟爱的品牌产品的需求弹性较小，收入较低的消费者对于各种品牌产品的需求弹性较大。为了获取最大利润，蒙牛在定价上实行了歧视定价的策略。

中端和低端市场的消费者更注重价格，对产品的差异化需求不大，因此在该市场上，蒙牛采取和竞争对手类似的价格。在高端市场上，消费者更加注重产品的营养、品质、口感甚至外包装设计等，对价格的关注度不高。因此在该市场上，蒙牛通过打造差异化产品来满足消费者需求，同时设定较高的价格，从而获取更多的利润。蒙牛通过歧视定价策略，巧妙地根据顾客的偏好为产品制定了价格。

三、产品策略

蒙牛是一家经营乳制品的公司，在常温液态奶中，它拥有纯牛奶、花色奶、乳饮料等产品；在奶粉中，它拥有婴儿奶粉、成人奶粉等产品；在固态奶中，它拥有酸奶、雪糕、冰激凌等产品。由此可以看出，蒙牛在产品上采用了多元化战略，可以满足不同消费者群体的多样化需求。针对儿童群体，蒙牛推出宣称能开发智力的儿童奶；针对青少年群体，蒙牛推出宣称能有助于肠胃消化的酸奶；针对老年群体，蒙牛推出宣称能增强体质、有助于睡眠的高钙奶；针对减肥群体，蒙牛推出了脂肪含量较低的低脂牛奶……蒙牛通过不断的市场调研，将市场一步步细分，为消费者打造切实符合自身需求的产品。此外，在产品规格上，蒙牛也充分考虑了消费者偏好，设计了小规格包装的牛奶，解决了消费者一次性喝不完又无储存条件而导致浪费的问题。在产品品质上，蒙牛也一直在尽力打造高品质牛奶，如特仑苏，在口感、营养上不断追求高层次。

四、促销策略

蒙牛在成长历程中运用了许多的促销手段，而且运用得相当有特色。蒙牛在营销上也运用了多种多样的方式，比如：通过参加公益活动，积极承担企业社会责任，帮助奶农脱贫，为自己赢得良好声誉；通过赞助"超级女声"，并借机投入广告，使蒙牛产品迅速在年轻群体中走红；如今通过官网对产品进行介绍宣传，在自媒体上开通账号，用一个个剧情小故事来体现产品的优势等。蒙牛对事件营销更是得心应手，运用得恰到好处，如"广告牌事件"。蒙牛在打造产品的基础上，借助多种营销策略，促进了产品销售，为自己争取到了更多的市场份额。

五、分销策略

蒙牛为消费者提供周到的售前、售中及售后服务，在售前耐心解答消费者疑问，在售中为消费者提供便捷的支付方式以及快捷的物流服务，在售后认真听取消费者的反馈，解决交易过程中产生的问题。

1. 紧密捆绑经销商

蒙牛与经销商积极合作，并为经销商发放股票，使其成为自己的股东，与经销商分享收益。因此，经销商为了能够分得更多的红利，会认真经营自己的目标市场，采取合适的分销手段，争取销售更多的产品，抢占更多的市场份额，并与蒙牛互相监督，以蒙牛大局为重，将蒙牛的利益与自己的利益捆绑在一起。蒙牛通过紧密捆绑经销商，提高了经销商的忠诚度，从而大大提高了销售量，增加了市场占有率，促进了企业的发展壮大。

2. 培训经销商

在供应链中，经销商是连接企业与顾客之间的桥梁。企业生产完产品之后，经销商将产品销售给消费者，并从中获得利润。只有企业与经销商齐心协力，才可以使双方共赢，实现共同利益最大化。因此，蒙牛会为经销商提供培训服务。蒙牛还派调查人员做市场调研，走访经销商，并组织座谈会，了解经销商在经销过程中存在的问题，并探索解决策略，通过线上及线下的方式，向经销商传授营销策略，灌输企业文化。这既培养了经销商的业务能力，又提高了凝聚力，从而促进经销商更高效地工作，为自己及企业创造更多的利润。

资料来源：百度文库. 蒙牛的营销手段［EB/OL］.［2020 - 04 - 09］. https：//wenku. baidu. com/view/92f5465bdfccda38376baf1ffc4ffe473268fd43. html.

讨论与思考：

通过了解蒙牛的营销手段，您认为在制订营销调研方案之前，需要考虑哪些内容？

2.1　营销调研的类型

组织和个人可以根据不同的角度、不同的目的开展营销调研。在不同的场景和问题中，营销调研的类型存在较大的差异。按照不同的分类方法，可以将营销调研分为不同的类型。

2.1.1　按营销调研的主体分类

1. 政府部门的营销调研

政府在国民经济发展中具有重要的作用，影响了整个国民经济的快速发展。为了制定合理的政府决策，从整体上更好地统筹安排，进行全面经济的管理，政府部门在执行相关决策之前，都会开展市场营销调研活动。比如，2020 年第七次全国人口普查，就是为了了解全国人口数量、经济收入情况，为制定"十四五"规划、制定政府部门的经济政策，并落实好相关的决策做准备。

2. 企业的营销调研

企业作为"经济细胞"，推动了国民经济的发展，促进了市场繁荣，要制定科学、合理且有效的企业营销决策，就需要做好营销调研。例如，企业在产品创新方面，在开展新产品开发和产品投放之前，需要对市场进行调研，了解消费者对即将开发的产品在性能、外观等方面的需求，从而更好地实施新产品开发。企业在实施促销策略之前，也需要提前开展营销调研。如电子商务企业开展"双十一"的促销活动，也需要通过调研，了解大家对促销的需求，以便更好地开展"双十一"活动。企业在制定品牌策略时，也需要开展针对品牌的消费者调研，了解消费者针对本企业品牌的偏好（是喜欢多品牌，还是喜欢单一品牌），根据在消费者调研中获取的信息，结合企业实际情况，来制定合理的品牌策略。

3. 社会团体的营销调研

中国有很多的社会团体，它们的作用是举办会议等活动，以及加强企业与企业、企业与政府、企业与消费者之间的交流。例如，在畜牧行业，中国畜牧业协会就属于这一类的社会团体。中国畜牧业协会每年都会组织各种类型的会议、培训等交流活动。但是举办什么类型的会议、培训，就需要对企业和养殖户进行深入调研，在企业与养殖用户之间牵线搭桥。营销调研为社会团体更好地举办会议、培训，提供了准确的信息，帮助社会团体更好地进行决策。

4. 个人的营销调研

个人在求职、晋升等多种场合中，不可避免地会出现对相关领域不了解的情况，这时就需要开展有针对性的营销调研。例如，高校就业中心老师准备举办针对毕业生的职业规划培训会，就需要对在校学生进行调研，了解学生希望在培训会中听到哪些内容，哪些内容对于毕业生的求职、职业发展规划最为关键。根据调研获取的信息，制订和调整职业规划培训会的计划，落实好培训会的安排，才能为毕业生的职业发展规划提供有效果的职业培训。

2.1.2 按营销调研的范围分类

按照营销调研的范围，可以把营销调研分为专题性营销调研和综合性营销调研。

1. 专题性营销调研

有些营销调研活动，是为了解决某个特定的问题或目标而开展的营销调研活动，称为专题性营销调研。例如，在大学中，为了了解学生对食堂菜品和服务的满意度，提升大学食堂的服务质量而开展的专项调研，就是专题性营销调研。

2. 综合性营销调研

综合性营销调研，是指企业为了全面了解消费者的经济情况和需求状况，而开展的全面性的营销调研活动。例如，为企业即将进行国际化经营，或者进入新的区域市场而进行的整体性营销调研，就属于综合性营销调研。综合性营销调研能够帮助企业获取全面的市场信息，全面把握市场状况，从而帮助企业更好地制定管理和营销决策。

2.1.3　按营销调研的功能分类

按照营销调研的功能，可以把营销调研分为探索性调研、描述性调研和因果性调研。

1. 探索性调研

探索性调研是在全面开展调研之前，开展的探索性、尝试性的调研活动，探索性调研的目的是获取和掌握调研问题的基本特征和各种影响因素，为正式的营销调研活动确定大致的方向和范围。

2. 描述性调研

描述性调研是对调研的目标、调研的问题，进行全面的描述、准确的分析，进而开展的营销调研活动。描述性调研的目的，是客观地解释消费者和市场的实际情况，获取真实、准确、完整的市场信息。

3. 因果性调研

因果性调研，是研究某些问题与其影响因素之间关系的营销调研活动。例如，企业发现本年度的销量下降，为了找到销量下降的影响因素和原因，而开展的营销调研活动就属于因果性调研。一般地，企业在完成了描述性调研后，为了揭示问题产生的原因或影响因素，需要开展因果性调研活动。

2.2 营销调研方案和可行性评价

2.2.1 营销调研方案

营销调研方案是指导营销调研项目的正式文本材料。营销调研方案主要包括以下部分：

（1）背景资料。阐述与营销调研问题有关的背景、市场发展现状及前景状况信息。

（2）研究目的。阐述营销调研主要解决什么问题，需要达到什么样的目标。

（3）调研内容。重点介绍本次营销调研主要调查的问题、需要获取的信息、解决的问题。

（4）调研方法。介绍本次调研活动需要使用的调研方法、样本的确定、调研渠道的确定以及获取数据的方法。

（5）研究方法。本次调研需要采用的数据分析方法和问题研究方法。

（6）资料分析。如采取什么样的方法分析调研资料、应该借助什么软件、分析之后的结果应怎样处理，等等。

（7）报告。本次调研主要采取怎样的结果汇报方式，以及汇报的内容，等等。

（8）经费预算。介绍本次调研的财务费用计划和安排。

 **引 例**

关于重庆市格兰仕微波炉市场调查

一、重庆市微波炉背景分析

如今，生活节奏越来越快，人们的压力也越来越大，在做饭上需要尽可能节省时间。这时，一款方便、快捷的新产品——微波炉随之诞生。微波炉的功能很多，可以做菜、热菜，而且花费时间短，不需要太多的人工操作。因此，为了提高效率、获得更多闲暇，人们纷纷购买微波炉。微波炉的销售量也在不断上升。

但是从整体上来看，微波炉仍然没有普及，在重庆，每100户居民中，拥有微波炉的家庭不到20户，和其他家电相比，微波炉的普及率是最低的。但是如今，人们越来越注意到微波炉的便利性，越来越多的家庭购买微波炉。为了满足顾客日益增长的需求，供应商也加大了生产量。因此，微波炉公司应把握时机，既要扩大生产规模，避免出现供不应求的情况，又要采取合适的营销手段推广、销售微波炉，并建立营销渠道，此外，还应该主动开发、扩张市场，抢占市场份额，以在激烈的市场竞争中立于不败之地。

然而，市场上竞争对手众多，各个商家的微波炉产品类似，产品缺乏特色，因此通常采取价格战的方式抢夺市场。随着经济水平的提高，消费者的收入也越来越高，消费者在购买微波炉时不仅关注价格，还考虑微波炉的质量、款式以及店家的服务态度等因素。

因此，为了建立自己的竞争优势，企业需打造差异化产品，以满足消费者多元化和个性化的需求。

为了吸引消费者的关注和购买，重庆格兰仕微波炉推出了一系列活动，比如"微波炉美食培训班""以旧换新"。这些活动执行的难度如何？需要事先做哪些准备？活动效果如何？预期达到什么样的效果？为了找到这些问题的答案，企业进行了市场调研。

二、调研目的

本次调研活动的场所是在销售微波炉的各大商场中，通过观察消费者的购买行为、随机选取消费者进行访谈、发放调研问卷等方式来实施调研。以下为本次调研的目的：

1. 了解消费者在购买微波炉时是否看重品牌，以及看重哪些品牌。

2. 了解消费者关注微波炉的哪些属性，如款式、规格、售价、操作难度、质量、容量、功率、店员的服务态度等。

3. 了解消费者在选择微波炉时，价格是否是其考虑的重要因素，如果开展打折、促销活动，消费者的购买行为是否会有所变化。

4. 了解对于格兰仕近期开展的促销活动，消费者的参与度如何，有什么意见和评价。

5. 了解对于格兰仕近期举办的一系列活动，如"微波炉美食培训班""以旧换新"等，消费者有什么评价，是否愿意参与，同时也对消费者的个人情况进行调查。

6. 了解消费者对促销措施的期望。

三、调研内容

（一）消费者

1. 消费者特征，如消费偏好、购买力、实际需求等。

2. 消费者对品牌的评价，即消费者在选择微波炉时是否会注重品牌，更青睐哪种品牌。

3. 消费者对微波炉功能的要求，即消费者希望微波炉拥有哪些功能。

4. 消费者对促销活动的评价，即是否喜欢格兰仕的促销手段，觉得格兰仕的促销力度怎样。

5. 消费者对"微波炉美食培训班""以旧换新"等系列活动的评价，了解这些活动能否满足消费者需求，可以满足哪些需求。

（二）市场

1. 重庆市微波炉行业市场状况。

2. 重庆市消费者购买力。

3. 重庆市微波炉行业促销活动。

（三）企业自身

1. 格兰仕微波炉的产品特征。

2. 格兰仕微波炉的促销活动。

3. 格兰仕微波炉的售后服务状况。

四、调研方法

本次调研主要采取问卷调查的方法，在商场中向目标消费者发放问卷，请其帮忙填写。该方法有以下优缺点：

1. 调研时间和调研人员有限，只能在特定的地点进行访问，数据代表性可能不够。

2. 问卷调查容易操作，只要将问卷交给消费者，待对方填完之后再回收即可，程序简单，实施难度小。

3. 问卷调查结果容易统计，数据真实可靠。

4. 问卷调查费用低，成本低。

五、样本设计

在选择消费者样本的过程中，本研究采用了配额抽样的方式，抽样的详细情况如下：

100位消费者中：家庭收入高的占35%、家庭收入中等的占50%、家庭收入低的占15%。其中，家庭月收入大于等于10000元的为高收入；家庭月收入大于等于5000元且小于10000元的为中等收入；家庭月收入小于5000元的为低收入。

促销活动对消费者的购买行为产生影响的占50%；未产生影响的占30%；不关注促销活动的占20%。

男性占50%，女性占50%。

要求：（1）调研对象以及调研对象的亲属未从事微波炉行业。

（2）调研对象未在调研公司工作。

（3）调研人员不能有意或无意地提示调研对象。

六、调研进度

第一阶段：初步市场调研　　　　　1天

第二阶段：制订计划　　　　　　　2天

　　　　　审定计划　　　　　　　0.5天

　　　　　确定修正计划　　　　　0.5天

第三阶段：问卷设计　　　　　　　1天

　　　　　问卷修改确认　　　　　0.5天

第四阶段：实施计划　　　　　　2 天

第五阶段：研究分析　　　　　　2 天

问卷设计完成之后，首先进行检查、修订，确保无误后，再实施调研。

七、调查预算表

阶段	人力经费	物资经费	技术装备经费	合计
准备阶段				
调查阶段				
分析阶段				
总结阶段				
其他				
合计				

资料来源：淘豆网. 重庆微波炉市场调查研究计划方案［EB/OL］.［2020 - 04 - 10］. https：//www. taodocs. com/p - 376430637. htm.

2.2.2　营销调研方案的可行性评价

为了评价营销调研方案的可行性，需要从以下四个方面进行分析和评价：

（1）方案设计是否能够实现调研的目的、解决调研需要解决的问题；

（2）方案设计是否具有科学性、可操作性；

（3）方案设计是否能够获取高质量的调研信息；

（4）方案设计是否符合企业实际。

？思考题

1. 区分和分析探索性调研、描述性调研、因果性调研的差异。

2. 营销调研方案一般包括哪些部分？

3. 如何撰写高质量的营销调研方案？

4. 营销调研方案的可行性评价包括哪些内容？

第3章　二手资料的收集

3.1　一手资料和二手资料

数据收集方法按照资料来源可以分为实地调查和文案调查两大类。其中，实地调查是指从原始数据源直接收集的一手资料，因此实地调查法收集到的资料也称为原始资料。而文案调查也称为二手资料调研，它是指根据自己的研究目标，检索前人已经收集到的资料，并借助一定工具对其进行整理和分析，因此通过文案调查所获得的资料称为二手资料。

具体来看，一手资料也称为原始资料或初级材料，收集一手资料是指在前人没有类似的研究、没有可以借鉴的资料时，调研人员亲自对调研对象进行访谈和观察，并且整理调研数据和资料的过程。因此，当企业面临突发事件或有特殊需求时，没有惯例可循，就需要根据特定问题设计调研方案，依据方案要求来收集一手资料。

与一手资料对应的是二手资料，二手资料也被称为现成的资料或者次级资料，这些材料由他人整理和收集。二手资料涉及的调研问题往往不是史无前例的，而是已经有人研究过，或者以前有人做过同样或类似的调研。

一手资料与二手资料主要有以下四个方面的不同：首先是收集目的的不同，一手资料大都用来解决一些特定的问题，而二手资料则更多地用来解决常规问题；其次是收集过程的不同，一手资料由于之前没有人研究和收集过，因此收集的过程更加复杂，而二手资料收集过程相对简单；再次是在收集费用方面存在差异，一手资料由于比较难获得，所以收集的费用相对较高，而二手资料的收集费用相对较低；最后是收集时间的不同，一手资料比较难获得而且没有可供参考的资料，因此其收集时间较长，而二手资料的收集时间相对较短。

3.1.1 二手资料的来源

总的来看，二手资料的来源主要有两种：内部资料来源和外部资料来源。

1. 内部资料来源

内部资料来源大致有两个，一个是企业在生产经营过程中，各个经营流程、环节所产生的数据资料，另一个是企业竞争对手所掌握的有关数据资料。内部资料包含多个活动的记录，如运作、管理、生产、经营等。具体来看，其来源主要包括以下四个方面：

（1）业务资料

顾名思义，业务资料是指与企业业务经营活动相关的所有资料，这些资料涉及业务经营活动的各个方面。其中，与企业生产有关的包括企业的进货单、发货单，还有订货单等，此外还可能涉及与业务活动有关的合同资料，以及企业的销售记录和发票等。通过对企业的这些资料进行分析，我们大体可以了解企业目前的业务经营状况及其内部的产品供给和需求状况。

（2）统计资料

企业的统计资料涉及面也较广，如企业每年各个经营环节的财务报表、各种财务指标分析资料等。通过这些资料，我们可以了解企业经营活动的特征，也可以为企业未来的决策和规划做预测基础。

（3）财务资料

企业财务资料往往是由企业内部的财务部门提供的，如企业每年的各种财务报表、财务指标分析资料。企业财务资料涵盖企业筹资、投资以及运营等各个方面。通过对企业财务资料的分析，我们可以了解企业的经营活动和现金流量等状况，也可以大致把握企业未来的整体资金状况。

（4）企业积累的其他资料

企业日常的各种简报、调研报告，以及顾客的投诉和建议资料等都是企业积累的其他资料，这些资料对研究企业市场状况也具有一定参考价值。

2. 外部资料来源

外部资料是指调研人员在企业外部收集到的资料，如从政府、专业网站等途径获得的资料。根据信息生产商的性质，我们可以发现二手资料的基本来源有五个，分别是公开出版物、政府机构、新闻报道、行业协会以及商业性来源。

（1）公开出版物

书籍与期刊是二手资料的主要外部来源，市场调查人员可以根据自己的调查需要去搜索和查找各种有关书籍和期刊。书店、报社、杂志社、图书馆等场所是纸质资料云集的地方，并且会按一定标准对资料进行分类，调研人员可以根据调研需求，去以上场所借阅和购买相关书籍和报刊，来寻找自己想要收集的信息。

（2）政府机构

政府机构会发布国家和地方的最新法律法规、政策方针等信息。市场调查人员通过阅读政府文件，可以了解国家当前的宏观环境、产业发展趋势、对行业的扶持程度等。另外，政府还会向公众公布大量的统计信息，如每年/每月的中心城市客运量、每年中国海平面公报、每年/每季度财政收支情况等。政府文件具有权威性，调研人员在研究过程中可以直接参考和使用。

（3）新闻报道

电视、广播及文献资料，也含有丰富的经济信息和技术情报。

（4）行业协会

行业协会会公布行业的规章制度、经营规范，分析当前的经营环境、发展趋势。调研人员在调研过程中，可充分参考行业协会发布的文件。

（5）商业性来源

很多专业调研企业会在某些专门领域建立自己的调研网络来收集信息，但是调研企业通常很少接受定制的调研委托，不过这些调研企业依旧构成了企业外部二手资料的重要来源。

3.1.2　二手资料的优缺点

二手资料调研是非常基础的调研方法，优点是快速、高效、广泛，并且有一手资料调研作为基础，调研人员不需要花费过多的时间就可以查阅和收集到需要的信息，如查阅书籍或者参考别人已得出的结论。但它也有缺点，如果难以确定资料的准确性、资料过于陈旧、不确定目标信息，就很难展开搜索等。

1. 二手资料的优点

通过对二手资料进行分析，调研人员可以了解整个行业的现状和发展趋势，比如：当前的行业壁垒情况如何，顾客的需求和偏好有没有改变，行业面临的机会和挑战有哪些等。

二手资料分析可以帮助调研人员熟悉与调研内容有关的定义、

专业术语、影响因素等。比如，某家公司准备开展一项调研，以了解本公司留给顾客的印象。研究者通过查阅已有的关于企业形象的二手资料，可以得出企业形象的几个要素。同样，研究小组在回顾二手资料后，可以将顾客归为几种具体的类型。然后调研人员根据调研结果，向公司的管理者解释结论，并且提出相关意见。具体来看，其优点主要包括以下六点。

（1）收集过程迅速而简单，成本低，用时少，范围广。

（2）不容易引起竞争对手的注意。

（3）通过二手资料可以更好地分析原始资料调研存在的问题。

（4）二手资料可以揭示调研过程中存在的问题，如抽样方法选择不正确、数据分析方法不正确等。因此，在收集二手资料时，应注意避免前人收集二手资料时所出现的问题。

（5）为现有的资料做补充，更深刻地解释一手资料。

（6）有时可以将二手资料和一手资料做对比，对一手资料进行大体上的确认。

2. 二手资料的缺点

（1）相关性差

由于二手资料不是专门为本次调研量身设计的，它有自己的调研目标，因此往往与本次调研目标不相符。这就意味着二手资料不能完全适用于本次调研，可能只能部分借鉴，而且要客观分析。因此，如果对二手资料使用不当，很可能影响调研结论的准确性。另外，二手资料中包含的信息可能与调研人员所需的不一致，如同样是成本，但成本信息分为隐性成本、显性成本、机会成本等，因此调研人员需要对其进行仔细区分和检查。

（2）时效性差

正如前面所述，二手资料的收集往往不是有针对性的，可能出于其他目的去收集，因此收集时间可能发生在调研项目之前，反映的现象是过去的；因此，当调研人员想要研究一个问题而去查找有关二手资料，其中数据适用的情况可能早已经发生改变，因此在反映当前市场、消费者以及环境等信息方面存在差异。

（3）可靠性低

由于不了解二手资料的收集和分析过程，因此二手资料的准确性有待考究，有可能存在较大误差，甚至有可能是捏造的。调研人员在使用二手资料时，要注意对其甄别和判断。

3.2　二手资料的收集方法

要想克服二手资料天生存在的缺陷，或者减少二手资料收集的误差，调研人员针对二手资料的收集就得提出一定的要求，只有达到要求的二手资料才能发挥真正的价值。收集的要求主要包括四点：真实性、及时性、经济性以及针对性。

收集的步骤主要有以下五点：

（1）明确数据需求；

（2）列出关键术语和姓名；

（3）通过图书馆等信息来源开始搜寻；

（4）对已找到的文献进行编辑和评价；

（5）进一步咨询权威人士。

3.2.1　获取二手资料的程序

首先应寻找内部资料，当内部资料不足时，再去寻找有用的外部资料。

第一步：互联网搜索查询。

第二步：到图书馆、书店、报刊亭等线下场所，依据调研目标和需求查找相关调研资料。

第三步：如果通过前面的步骤依旧没能收集到符合要求的资料，调研人员需要进一步到政府官网、大众媒体以及新闻报道中去搜索信息，通常企业可以通过以上渠道收集到所需的大部分资料。

第四步：去商业性渠道购买相关资料。当资料无法在公开网页、出版物中找到时，调研人员可以根据调研需求，确定所需信息，到相关机构有偿购买。同时，还需要将这些资料储存，以便未来使用。

3.2.2　获取二手资料的方法

1. 文献资料筛选法

文献资料筛选法是通过对前人的研究文献进行阅读、梳理，找到与调研相关的内容，提取所需信息，既可以从纸质期刊上查找，也可以通过知网、维普、万方等数据库进行查找。

2. 报刊剪辑分析法

报刊剪辑分析法是调研人员通过阅读报刊，找到与调研相关的文章和报道，从而收集和分析情报信息。

3. 情报联络网法

情报联络网法是企业通过在国内和国外的部分城市和地区建立情报联络网，来方便资料的查找和收集。情报联络网法使用起来方便、快捷，企业通常用该方法收集二手资料。

常用的搜索网站有：

（1）雅虎 Yahoo（http：//www. yahoo. com/）；

（2）搜狐 SOHU（http：//www. sohu. com/）。

？思考题

1. 什么是一手资料和二手资料？

2. 与一手资料相比，二手资料有哪些优势？

第4章 定性调研方法

 引 例

北京某大学如何提高餐饮服务

在北京某大学，为了提高大学食堂的餐饮服务质量，提升师生对食堂的饮食服务满意度，该学校决定对大学的师生进行定性调研。该大学的后勤管理部门，召集了 8~15 人的焦点小组访谈团队，其中包括 3~5 名的学生、3~5 名的大学教师以及 2~5 名的食堂工作人员。然后，他们选择 1 名食堂工作人员担任焦点小组访谈的主持

人，其他人作为访谈的参与人员，开展了一个半小时的焦点小组访谈。访谈的内容从食堂的环境、食堂服务人员的态度、食堂的菜品质量、食堂菜品口味等方面展开，访谈采取开放式调研的方式。

焦点小组访谈研究发现，该大学的食堂环境良好，食堂的服务人员态度也不错，但是食堂的菜品价格偏高，并且食堂的菜品品种较为单一，影响了师生对食堂饮食服务的满意度。根据访谈结果，该大学食堂调整了各食堂的菜品价格标准，增添了更为丰富的饮食品种，使该大学的师生对食堂的满意度得到明显提高。

通过以上案例说明，焦点小组访谈等定性调研方法能够深入了解消费者的行为和态度，帮助组织更好地进行决策。

定性调研方法主要基于对问题的观察和陈述进行调研，调研过程中涉及的数据，其收集、分析以及说明等信息都是依靠对人们行为举止的观察和陈述。因此，调研数据必须经过一定的编译程序后才能确定。常见的定性调研方法包括观察法、焦点小组访谈法和深度访谈法等。

4.1　观察法

观察法经常被用来获得一手资料，在观察过程中观察者亲自检查和记录观察对象的行为、参与的活动、对活动的反应和感受以及现场的事物等。在观察过程中，观察者可以直接进行研究，也可以借助仪器来帮助展开调研。简而言之，调研人员往往依赖他们自身的观察能力而不是通过与调研对象直接交流来获得信息。观察法在市场调研活动中被人们频繁使用，但也最容易被人们忽视。在观察过程中，由于观察者的记忆存在偏差，因此往往需要录像机、录音机、手工记录或其他有形记录方式来帮助观察者记录。

观察法有三个特点。首先，观察法中涉及的观察对象往往是十分自然的，因为他们对自己被观察的事情一无所知，不知道自己正在被观察、被调研，因此他们的一举一动都是十分自然而真实的，这样才能获得可靠的数据；其次，观察法由观察者实施，他们可以比较深入地了解事情发展的全貌，可以对观察对象的一举一动进行记录，从而更深入地了解事情本来的面貌，在一定程度上具有客观性；最后，观察法可以帮助调研人员了解事物发展的全貌，因为观察法所获得的资料是针对在一定时间、空间内的事物，可以对新出现的市场现象进行全面记录，有利于从多角度、多方位观察和了解市场。

4.1.1 观察的类型

观察有多种类型，根据不同的标准可以划分为间接观察和直接观察、隐蔽观察和非隐蔽观察、人工观察和机械观察。

1. 间接观察和直接观察

根据观察者能否参与观察的过程，可以将观察法分为间接观察和直接观察。间接观察指的是借助于一些仪器设备或一定的技术手段对消费者进行观察的方法。例如，在超市中为了深入了解消费者针对不同产品的行为和态度，可以在不同的产品类别货架中安装摄像头和摄像机，通过摄像头和摄像机观察和记录消费者在不同的产品货架旁的目光、停留时间、购买选择、购买心情等不同的信息。通过间接观察，将观察到的信息结果传到超市的计算机中。超市根据间接观察获取的信息，有针对性地调整超市的产品货架、产品陈列等各方面，以更加适应消费者的购买偏好，使消费者在超市的购物体验更加愉悦，超市也可因此获得更多的销售额和利润。

直接观察，指的是调研人员直接参与被观察的场景，观察需要观察的内容的调研方法。例如，为了观察肯德基顾客购买的食品种类、每次餐饮的总体价格、服务人员的服务态度等，调研人员可以到肯德基门店中，直接观察旁边顾客购买食品的种类，以及支付食品的总体价格，了解肯德基服务人员的服务态度。同时，调研人员还可以参与购买服务，直接体验需要购买食品的种类、需要支付食品的价格以及肯德基服务人员的服务态度。通过直接观察，能够直接而快捷地获取需要观察调研的信息，为进一步研究肯德基顾客的购买情况、服务人员的服务情况提供了良好的信息支持。

2. 隐蔽观察和非隐蔽观察

隐蔽观察，指的是通过假装参与某个服务过程，在观察对象不知情的情况下，观察观察对象的行为的调研方法。例如，在肯德基假扮普通顾客，观察服务人员对顾客的服务情况以及其他顾客的购买情况等。此外，还有由观察者营造特殊情境，事先准备好情境中的表演，然后观察者在暗中对过路人或者顾客观察测试的情况。

非隐蔽观察，指观察者在记录资料以前，就已经成为环境中的一部分，不会引起观察对象的注意。例如，观察者建立一个实验室来观察销售代表在电话推销中的表现和人们的反应。

3. 人工观察和机械观察

人工观察中，观察者是调研人员雇用的人员或调研人员本人。

机械观察是指观察者利用仪器设备或其他指定用途的机械来帮助调研人员观察。例如，公共场所中通常会有监控录像，观察者可以借助监控录像来观察人的行为和反应，也可以利用自动交通计数器统计车流量。

4.1.2　观察法的适用条件

观察法并非在所有情况下都适用，比较适用的情况有：

（1）研究对象无法控制；

（2）在控制条件下，可能影响某种行为的出现概率；

（3）出于社会道德的要求，不能对某种现象进行控制。

为避免主观臆测和偏颇，观察法应遵循以下四条：

（1）每次只观察一种行为；

（2）所观察的行为特征应事先有明确的说明；

（3）观察时要善于捕捉和记录；

（4）采取时间取样的方式进行观察。

4.1.3　观察法的优缺点

1. 优点

（1）在不知道被观察时，观察对象的行为自然、真实。

（2）不会出现记忆错误。

（3）某些时候可能是获取精确信息的唯一方式。

（4）观察法往往比较简便，更容易实施，灵活性较强，观察者可以随时随地观察。

2. 缺点

（1）只有一部分有代表性的观察对象可在特殊情况下被观察到。观察对象的代表性值得认真考虑。

（2）无法看到所观察行为的背后，无法询问观察对象做出这一行为的动机和心态以及所有隐藏于行为背后的内在心理。

（3）观察法通常需要大量的观察员在现场长时间观察，调研的时间可能较长，调研费用也较高。因此，观察者在实施调研时，常常会受到时间、空间以及经费的限制，比较适用于小范围的微观市场调研。

4.2 焦点小组访谈法

4.2.1 焦点小组访谈的概念

焦点小组访谈，指的是访谈人员在非程序化、无结构化、直接的访谈过程中，让成组的访谈对象进行相互间的深入访谈交流，使得访谈对象在愉快轻松的氛围中就某一调研问题展开深入交流，从而给出某一问题的解决思路和办法的调研访谈。焦点小组访谈的目的在于能够集思广益地从常规的访谈中，获得不同访谈对象的间接感受和看法等，以便于企业和组织更好地进行决策。

4.2.2 焦点小组访谈的操作问题

1. 参加人数

焦点小组访谈的成员一般有 8～10 人，参与人数太少往往无法达到最终讨论的效果，也无法使访谈对象感受到最终讨论结果的意义。如果参与人数较少，那么当主持人在进行访谈提问时，小组中发言的人员会过少，可能只有一到两人，甚至无人发言，这会使访谈出现冷场，此时主持人为了缓解尴尬就不得不经常进行气氛的调节。这样的访谈就失去了效果，也不能使每位访谈对象都发挥出自己的才能。

同理，如果参与的人数过多，如超过 12 人时，访谈的规模就会显得过大，此时讨论会比较混乱。例如，在某一参与者发言时会有其他参与者将其发言打断，此时主持人需要费很大力气来维持秩序，其精力就不能全部集中在访谈的主题上。此外，由于访谈过程中参与访谈的人数很难准确预测，因此可能会有部分参与者不能前来参与讨论。

2. 邀请谁参加焦点小组

一个焦点小组的参与者最好有一些共同的特征。参与者彼此之间通常互不相识，面对众多互不相识的陌生人，参与者很少会将自己的真实想法告诉组内其他参与者。但是，当组内参与者的年龄段、工作情况以及爱好相似或相同时，他们之间的关系会被拉近，参与者就会更愿意说出自己真实的想法。同时由于参与者的共同特征，调研人员就可以确定对问题的不同看法不是由于条件不同导致。

3. 如何选择参与者

基于访谈的目的来选择参与者很重要。例如，访谈的目的是获取大家对某一产品质量或者外观设计的改进意见，那么这些参与者一定要使用过该产品，且对该产品有一定时长的使用经历；如果访谈的目的是向广大居民群体推荐家电产品，那么该小组的参与者就是该广大居民群体。

参与者缺席是调研人员需要重点关注的问题，有两种方法可以用来激励访谈对象参与到焦点小组访谈中。第一种是直接通过金钱报酬或礼品来刺激访谈对象参与，如凡是参与到此次调研中的人，都会获得 100 元奖励，或者得到价值 99 元的保温杯；第二种是通过电话或者邮件的形式告知和提醒访谈对象参与讨论。如果访谈对象有事不能参与到调研中，那么调研人员就可以在正式访谈开始之前寻找其他合适的访谈对象。这两种方法对于促使访谈对象参与访谈十分有效。

4. 在哪里进行访谈

如果访谈的时间过长，那么访谈的场所以及场所里的设施是否完善就显得十分重要。因此，访谈往往在空间较为宽敞的地方举行，最好是以圆桌的形式进行，这样大家讨论起来更方便。访谈者、访谈对象所在公司的会议室以及酒店都可以作为访谈的场所。

较为理想的访谈设施可以放在专门进行访谈的房间内。房间内有一张较为宽敞的圆桌、椅子以及镜子，这样方便观看访谈的进行情况。此外，屋内还要有专门的摄像机和录音机进行记录，以便于保留信息和后期出具访谈报告。

5. 访谈主持人的角色和责任

整个访谈过程都离不开主持人的主持，主持人要确保整个访谈围绕客户所制定的主题进行。在访谈过程中，主持人需要鼓励每位参与者积极参与讨论，积极发表自己的观点，同时确保所有人的讨论不偏离主题。主持人一定要具备良好的沟通技巧、素质能力，要使得整场访谈顺利进行下去。

6. 焦点小组访谈的结果报告及使用

焦点小组对产品、消费者等提出的最终意见一般都比较模糊或者复杂。在广告的表达形式、产品的描述、宣传的语言、消费者的生活方式以及营销计划等方面，焦点小组都要充分利用定性分析工具进行分析。

分析过程中必须牢记两点：第一，对于参与者的语言描述一定要简洁明了，并做适当分类，然后指出其访谈占比情况；第二，在利用数据对市场的整体轮廓进行描述和估计时，要对参与者的特征和行为进行描述。

焦点小组访谈的报告反映了定性分析法的特征，它列出了所有的意见以及参与者所提出的各类观点和想法，同时还将提供大量的逐字逐句的摘录，用报告记录访谈的全过程。

4.2.3　焦点小组访谈法的优点

1. 获得新的观点

焦点小组参与的人较多，询问者与被询问者并非一对一的提问和回答，因此在被询问的过程中会感觉放松，会比较自然地表达自己的观点和想法，而不是去迎合访谈者。此外，该方法会产生类似滚雪球的效果，因为一个人在表达自己观点的同时，也会启发别人提出新的观点。

2. 可以让顾客观看访谈过程

许多营销调研的用户表示很难理解调研人员在调研过程中采用的复杂分析方法和出具的统计报告，原因在于他们不清楚数据是如何产生的。但是顾客可以在旁边观看整个访谈过程，从而更好地了解不同的人对于某个产品、某个营销问题的看法，以更好地满足消费者对于某个产品、某个营销问题的意愿。

3. 灵活多样

焦点小组访谈讨论的问题多种多样，一些其他的定性分析方法也可以加入访谈小组中，如可以加强讨论会议的强度，这样可以更好地展示产品，描述产品的一些概念或者讨论产品最终实验的结果。访谈过程中主持人也会允许对访谈对象提出的问题进行更深层次的讨论，这是其他定性方法难以比拟的。

4. 与访谈对象更好地交流

该方法使得访谈者和访谈对象之间可以实现更好的交流，这是其他调研方式无法比拟的，尤其是对于那些很难单独访问到的群体，如医生和律师等。这种比较正式的形式可能会促使他们愿意交流一下自己的观点。这种创造性的小组讨论形式也同样适用于访谈较小年龄段的群体，如儿童调研协会将故事、小组游戏等形式纳入小组讨论的过程中，以便于孩子们接受和参与。

4.2.4　焦点小组访谈法的缺点

1. 可能并未反映大众的观点

焦点小组访谈的参与者是少数，往往不能够代表大多数人的观点，因此，其不能被视为一项结论性的调研。愿意参与焦点访谈小组的人较为外向，愿意与人亲近，所以在相处过程中比较容易接近。这些特征导致这些参与者可能只是众多普通群众中的一部分，他们的想法和观点不一定能够代表调研人员想要寻找的目标人群；此外，被邀请的人不一定都会参加调研，因此有的访谈对象可能是半专业化的。

2. 解释的主观性

焦点小组访谈收集的资料存在一定的主观性，因为事先就对问题具有某种看法的人往往会寻找支持其观点的说法，从而排斥或忽视与其相反的观点。因此，焦点小组的分析人员在调研之前应该把带有偏见的问题和观点去除。

3. 人均参与者的成本过高

焦点小组访谈花费在每个访谈对象身上的成本比较高。费用主要花费在四个方面。首先是邀请访谈对象参与访谈的费用；其次是激励和鼓励访谈对象参与的费用；再次是焦点小组访谈的一些硬件设施支出；最后是一些隐含成本，如工作小组的差旅费用等。

4. 调研结果参差不齐

焦点小组访谈事先很难确定其调研的程序结构，其调研结果受调研人员的个人素质和绩效影响，而调研人员自身的素质不一，很难保证每一位调研人员都具有较高的素质水平，因此最后的调研结果往往也会参差不齐。

4.3 深度访谈法

4.3.1 深度访谈法的概念

深度访谈法往往一对一进行，采访者是训练有素的，会就某一个论点提出一系列值得探讨的问题，与访谈对象进行深度交流，从而得知访谈对象对某事的看法，或者访谈对象做出某行为的原因。深度访谈的地点可以在访谈对象的家里，也可以在访谈对象的正式工作地点（如会议室），在那里对访谈对象进行比较长时间的访问和交谈，目的是不受限制地对访谈对象进行提问，从而帮助调研人员从不同方面更好地理解这些想法和意见。访谈中最重要的汇总信息，与访谈对象交流的所有信息内容将被记录下来，写成专门的报告用以确定访谈主题等。新的概念、广告和促销信息将用这种方法形成。

如果调研人员想要了解个人做出某决定的过程、产品如何被使用的过程以及消费者在生活中的一些情绪和个人倾向时，深度访谈尤其有用。在深度访谈的过程中，专业的调研人员会通过话题清单或者一些开放性的问题与访谈对象进行交流，而不是将列有一系列问题的清单交由调研对象回答。例如，为什么是那样呢？你能详细地阐述一下你的观点吗？你能给我一些特殊原因吗？

4.3.2　深度访谈法的优缺点

相对于焦点小组访谈法来讲，深度访谈法具有以下优点。

（1）深度访谈能够降低群体访谈所带来的压力，如在焦点小组访谈中，个别访谈对象由于受到群体的压力，可能不爱说话，从而错失了表达个人看法的机会。

（2）通过一对一的访谈方式，使访谈对象更加自如、愉悦地表达自己的看法和观点。

（3）由于只有一个人进行提问、一个人进行回答，能够避免访谈对象的个人隐私被更多的人知晓，因而访谈对象能够回答更多有关个人的相关信息。

（4）通过一对一的访谈，使得访谈对象可能说出更多可信的内容。

与焦点小组访谈法相比，深度访谈法的缺点在于：

（1）访谈对象很少，往往只有一个，因此可能与访谈对象之间很难产生观点上的碰撞；

（2）深度访谈需要的时间成本和人力成本通常要比焦点小组访谈的高，在实际使用的时候可能会遇到难以找到很多合适的访谈对象的困难；

（3）调研具有无结构性，这种无结构性会受到访谈对象素质的影响；

（4）深度访谈获得的信息内容，在归纳整理方面需要一定的访谈，对于调研人员也具有较大的挑战。

第5章　定量调研方法

5.1　问卷调查法

5.1.1　问卷调查法的概念

问卷调查法，是首先寻找合适的调查对象，向其发放结构化或非结构化的问卷，请其回答问卷上的问题，然后回收问卷，整理调查对象填写的答案，以达到收集所需信息的目的的一种调查研究方法。在问卷调查法的实施过程中，会通过问卷的形式，向调查对象询问与调查目的有关的行为、态度、意向、认知等各类问题，包括对调查对象个人信息的收集。问卷调查法多数情况下使用标准化设计的调查问卷，能够结构化地收集问卷数据。在比较典型的调查问卷中，一般采用固定备选答案的方式，让调查对象从备选的答案中选择。

问卷调查法的优点在于：填写起来非常容易，只需要在备选的答案中选择即可，获取的数据比较可信，一般都是调查对象在固定的备选答案中选择，反映了调查对象的态度、意向和感知。由于问卷设置了固定的备选答案，并且多数结构化问卷都是采取单选的方式调查，获取问卷数据后，数据编码、分析比较容易。但是，问卷调查法也存在一定的不足之处，如由于调查问卷问题的有限性，调查对象只能回答调查问卷中的问题，对于问卷之外的信息无法获取。同时，有时候调查对象在回答问卷上的问题时，没有按照自身的实际情况回答，或者出现胡乱填答、错答的情况，这些情况都会影响问卷数据收集的有效性。

5.1.2　问卷调查法的分类

1. 按访问方式分类

问卷调查法按访问方式分为直接访问和间接访问。

直接访问是调研人员与调研对象约好时间和地点，二者当面进行交流，调研人员询问问题，调研对象给予相关回答。这种调研方式具体又有"走出去"和"请进来"两种：前者是调研人员到调研对象家中进行访问；后者是请调研对象到调研人员安排的地方进行访问，如请调研对象到企业或公司的办公室进行访问。

间接访问是调研人员通过网络视频会议、电话、互联网问卷等手段对调研对象进行访问。这种访问方式，由于调研人员与调研对象不直接见面，所以称为间接访问。

2. 按填写方式分类

问卷调查法按问卷填写的方式分类，可以划分为电话访谈法、人员访谈法、邮件访谈法、网络调研法等问卷调查方法。

在电话访谈法中，有一种传统的电话访谈法。例如，调研人员直接使用一份纸质的调查问卷，然后直接给调研对象拨打电话，通过向调研对象提出事先拟定好的问题，并对调研对象的答案进行记录，从而获取调研所需信息。另一种电话访谈法，也叫作计算机辅助电话访谈。它是通过大型计算机和个人计算机来替代调研人员手中的笔和纸。通过计算机设定程序，按抽样要求拨打调研对象的电话，对方接听电话后，调研人员将计算机显示器上的问题告知调研对象，然后聆听调研对象的回答，同时将对方讲出的答案录入计算机中。这种方法，数据收集快捷、准确，并且能够节省纸质问卷录入计算机、编码的时间，便于企业人员进行调研。

人员访谈法可以分为入户人员访谈和商场拦截人员访谈。入户人员访谈，是调研人员到调研对象的家中，采取面对面的方式，由调研人员向调研对象提问，并由调研人员记录的调研方式。商场拦截人员访谈，是调研人员在商场中，向到商场购物、逛街的顾客进行调研，由调研人员来记录问卷答案的调研方式。相对而言，商场拦截人员访谈比进入消费者家里访谈更加容易获取调研对象。但是由于在商场中，人员流动较快，人员也没有足够的时间停留，获取信息的效果相对不如入户人员访谈。

邮件访谈法，是指通过邮寄或者是电子邮件的方式进行问卷调研。早先的邮件访谈的方式，是将问卷放在信封或者邮包中，邮寄给调研对象。调研对象填写后，再邮寄给调研人员。这种调研方式的特点在于，调研对象范围广，调研对象明确，但是由于调研对象多数情况下不太愿意回寄，导致问卷回收率很低。随着互联网的不断发展，电子邮件成为重要的通信方式。因此通过电子邮件给调研对象发放问卷，也成为营销调研所采用的重要调研方式。通过获取调研对象的电子邮件地址，调研人员可以通过群发的方式，向调研对象发送电子邮件，邀请调研对象填写问卷。调研对象线上填写好问卷后，再通过电子邮件向调研人员发送填写好的问卷。调研人员通过以上方式完成问卷数据的收集。然而电子邮件访谈也存在回收率不高的情况。

网络调研法，一般是通过特定的网站，在网站中设置相应的页面，在页面中设置问卷的具体问题。例如，通过问卷星网站，调研人员能够在网站中设计调研问题，形成调查问卷，并且能够生成问卷二维码和问卷网络地址、问卷主页等。调研人员可以通过微信朋友圈、微信群分享问卷网络地址等方式，发放调查问卷，由调研对象在线填写调查问卷，来完成问卷数据的收集。网络调研法，也可以在门户网站等渠道设置相应的调研模块，由浏览网站的用户在线点击，并直接提交，来完成问卷数据的收集。例如，滴滴出行网站在网站主页中，设置了用户体验和使用评价的问卷模块，用户通过手机在线填写并提交，就能完成调查问卷的数据收集。

5.1.3　问卷调查法的比较性评价

我们通过数据收集的灵活性、问题的多样性、数据收集的环境控制、现场工作人员控制、数据数量、回答率、调查速度、成本等方面，来比较不同问卷调查法的差异。

电话访谈法，具有较高的数据收集灵活性、较低的问题多样性、数据收集的环境控制和现场工作人员控制中等、数据数量较少、回答率中等、调查速度较快、成本中等特点。

入户访谈法，具有较高的数据收集灵活性、较高的问题多样性、数据收集的环境控制较高、现场工作人员控制较低、数据数量较多、回答率高、调查速度中等、成本较高等特点。

传统邮件调查法，具有较低的数据收集灵活性、中等的问题多样性、数据收集的环境控制较低、现场工作人员控制较高、数据数量中等、回答率较低、调查速度较慢、成本较低等特点。

电子邮件调查法，具有较低的数据收集灵活性、中等的问题多样性、数据收集的环境控制较低、现场工作人员控制较高、数据数量中等、回答率较低、调查速度快、成本低等特点。

网络调研法，具有较低的数据收集灵活性、中等的问题多样性、数据收集的环境控制较低、现场工作人员控制较高、数据数量中等、回答率很低、调查速度很快、成本低等特点。

5.2　实验法

实验法是定量调研方法中的一种重要方法，它指的是市场实验者通过有目的、有意识地改变或控制一个或几个市场影响因素的实践活动，来观察市场现象在这些因素发生变化时的变动情况，从而认识市场现象的本质的方法[①]。与访谈、观察等方法不同，在实验法中，研究人员主动设计和参与实验，通过设计资料，让调研对象参与实验，然后填写相关问卷，来获取实验需要的数据。

5.2.1　实验法的分类

按照实验场所的不同，可以分为实验室实验和市场试销。实验室实验主要是指调研人员根据调研目标和调研需求，建立相应的实验场景，创造出实验所需的条件，并请调研对象来参与实验，比较调研对象在实验前与实验后的差别。因此，当企业产品增加新功能、推出新款式时，经常采用实验法来调研。市场试销是指当企业推出新产品，或者投入新市场时，先进行小范围的试验性销售，通过收集产品在试验区域销售的情况，来预测该产品在全国区域销售的情况。

实验法还可以分为实验室实验和田野实验。其中，田野实验与

---

① 欧阳卓飞. 市场营销调研［M］. 3 版. 北京：清华大学出版社，2016.

实验室实验不同，它的条件不能人为控制，通常与自然、客观情况息息相关，可以在一定程度上反映客观世界；也不同于由独立于研究目的的事件引发的自然实验，因为它依旧受到一些人为因素的影响，与客观世界存在一定的差异。

5.2.2　实验法的步骤和特点

实验法的步骤包括：

（1）根据调研目标，提出调研人员预期的假设，确定影响因素以及研究的自变量和因变量；

（2）设计具体的实验方案，其中包括实验所需的条件、操作步骤、涉及的控制变量等；

（3）根据实验需求确定恰当的调研对象；

（4）实施实验；

（5）记录实验数据，并对其进行整理、归类和分析，最终得出实验结论。

实验法的特点在于帮助调研人员获得真实、客观的调研资料，能够验证市场现象之间是否具有因果关系。

5.2.3　实验法的基本概念

自变量，是指被操纵的变量。被试，是指其对自变量或处理的反应被作为测量对象的人或组织。因变量，是指衡量自变量对被试的影响的变量。外生变量，是指自变量以外的影响被试反应的所有变量。实验是指研究人员通过改变一个自变量的参数，观察因变量所发生的变化，与此同时对外生变量进行控制，避免其对因变量产生影响，该过程就形成了一次实验。

内部效度是指对自变量的操纵，是否确实导致了所观察到的因变量的变化。外部效度是指根据实验所得出的研究结论在日常生活中是否有效、是否存在指导意义。

5.2.4 实验设计的分类

1. 预实验设计

预实验设计是指对于来自外界的影响因素，没有采用随机化的步骤来对其进行控制的一种实验，一般用于测量操纵材料的有效性。预实验设计包括一次性个案研究等。

一次性个案研究是指单纯地实验后测量。比如，测试喝可乐对消费者情绪的影响，要让被试喝可乐，然后填写消费者情绪的问卷，并且对于被试没有做随机化分派。由于一次性个案研究缺少对外生变量的控制，使得实验的内部效度并不是很好。该法往往用于对实验刺激材料的检验。

单组前后对比设计是指在实验前先进行一次测量，实验组受到处理的作用，然后再进行一次实验后的测量。同样是测试喝可乐对消费者情绪的影响，单组前后对比设计，是在被试喝可乐前，先测量一次被试的情绪。然后，让被试喝可乐。最后，再测一次被试的情绪。由于外生变量未被控制，实验的内部效度并不理想。

静态组是双组实验设计，一组是实验组，会对变量进行控制，并设定相应的条件；另一组是控制组，不对变量进行特殊控制。实验完成之后，调研人员对两组实验结果进行观察、测量和比较，并得出研究结论。同样是测试喝可乐对消费者情绪的影响。将被试划分成两组，其中一组为实验组，另一组为控制组。然后，实验组喝可乐，控制组不喝可乐。最后，让两组的被试都填写消费者情绪的问卷，分析比较两组人员的差异。这种实验，对于性别、年龄等外生变量未能进行控制，也忽视了两组人员之间的差异，导致内部效度受到影响。

2. 真实验设计

真实验设计是指研究人员随机地将被试和处理分派给各实验组，包括实验前后对照设计、实验后对照设计。

实验前后对照设计是指将被试随机地分配到实验组和控制组，在实验前对实验组和控制组都进行一次测量，然后进行实验。实验组按照自变量因素进行处理，而控制组不按照自变量因素处理。实验后，对实验组和控制组再进行一次测量。

例如，测量食堂吃饭对学生心情愉悦感的影响。实验前后对照设计的步骤是随机地选择被试样本，然后把被试各一半随机地分配到实验组和控制组中。在实验前，对两组被试都进行一次测量。然后，实验组安排进食堂吃饭，控制组不进食堂吃饭。最后对实验组和控制组再做一次测量，进而来衡量在食堂吃饭是否对学生的心情愉悦感产生影响。

实验后对照设计，是将被试划分成两组，其中一组为实验组，另一组为控制组。实验前不做测量。实验组根据实验要求，改变实验的条件，控制组不做处理。实验后，对实验组和控制组被试分别进行测量，来分析自变量是否对因变量产生影响。

同样是测量食堂吃饭对学生心情愉悦感的影响。实验后对照设计的步骤是：随机地选择被试样本，把被试的一半随机地分配到实验组，然后把被试的另一半随机地分配到控制组中。开始实验时，实验组安排进食堂吃饭，控制组不进食堂吃饭。然后测量实验组和控制组的心情愉悦感，进行实验组和控制组的比较分析，来衡量在食堂吃饭是否对学生的心情愉悦感产生影响。

5.2.5 实验范例：品牌拟人化和产品类别对消费者购买意愿的影响

在实验初期预实验 A 中，调查了消费者对实用品（米其林轮胎、蔚来汽车、海尔洗衣机、伢伢乐牙膏、乐扣乐扣水杯）、享乐品（江小白瓶装白酒、酷儿果汁、M&M 巧克力豆、肯德基炸鸡和汉堡）的感知程度。预实验一共有 59 人参与，14 名男性，45 名女性。年龄主要分布在 18～25 岁（57 人）。为了调查消费者对每项产品的实用性、享乐性的感知，采用了分量表测量。最后结果显示，海尔洗衣机被多数消费者一致感知为实用品；肯德基被多数消费者一致感知为享乐品。

所以在正式开始实验 B 时，我们设计了实验 B1、B2、B3、B4，分别是：

B1：消费者对海尔洗衣机非拟人化文字广告感知后的购买意愿

和关注度。

B2：消费者对海尔洗衣机拟人化文字广告感知后的购买意愿和关注度。

B3：消费者对肯德基非拟人化文字广告感知后的购买意愿和关注度。

B4：消费者对肯德基拟人化文字广告感知后的购买意愿和关注度。

其中，实验 B1 与 B2，B3 与 B4 分别是一个对照，也是分别针对享乐品和实用品，就产品是否拟人化，调研是否会影响消费者的购买意愿和关注度。正式实验一共有 87 人参与。其中，51 名男性，36 名女性。为了调查产品拟人化是否对其购买意愿和关注度产生影响，B1 与 B3 提供了非拟人化的广告词，"海尔，中国造"。海尔以这句广告语成为世界知名品牌，起初用其设计的象征中德儿童的海尔兄弟，给消费者留下深刻的印象，它寓意着中德双方携手打造美好的未来。"一个世界，一个家"在第四代广告语中，体现了全球化的理念。到了第五代，"你的生活智慧，我的智慧生活。海尔希望用现代智慧让您的生活充满智慧"。肯德基是一家连锁快餐店，主要业务是出售炸鸡、汉堡、薯条、汽水等快餐食品。其广告语是"生活如此多娇"。肯德基的经营理念是不断推出新的产品，或将以往销售产品重新包装，以满足人们尝鲜的心态。B2 与 B4 提供了拟人化的广告词，"时光匆匆，海尔'兄弟'长大啦，感谢各位一路支持，选择海尔。我们不断进步，都是希望能呈现给您更好的产品，让海尔助您生活一臂之力，希望未来您能依旧选择我们"以及"嗨，大家好，我是肯德基爷爷。生活如此多娇，怎能少了佳肴，来肯德基吧，这里有美味大个的汉堡、清爽可口的饮料、香脆劲爆的炸鸡。我们还会不断地推出新品，让你永不乏味。来肯德基，让我们一起品尝美食，品味生活"。

最后调查数据分析结果是：

B1：消费者对海尔洗衣机非拟人化文字广告感知后的购买意愿和关注度。

在海尔非拟人化的测验中，拟人化程度≥3.5的个案数达到11，平均值是5.0909，标准偏差是1.2480，标准误差平均值为0.3762；拟人化程度<3.5的个案数为4，平均值是5.9166，标准差是0.500，标准误差平均值是0.2500。独立样本检验中，购买意向的假定方差中，F值为1.692，显著性为0.216，t为 -1.262，自由度为13，$Sig.$ 为0.229，平均值差值为 -0.8257，标准误差差值为0.6543，差值95%的置信区间为 [-2.2393，0.5877]。

B2：消费者对海尔洗衣机拟人化文字广告感知后的购买意愿和关注度。

在海尔拟人化的测验中，拟人化程度≥3.5的个案数达到15，因为没有拟人化程度<3.5的数据，所以再次进行 t 检验。拟人化程度≥6的个案数为8，平均值为5.8333，标准偏差为0.2519，标准误差平均值为0.8908；拟人化程度<6的个案数为7，平均值为4.2380，标准偏差为1.0490，标准误差平均值为0.3965。独立样本检验中，购买意向的假定方差中，F值为7.830，显著性为0.015，t为4.186，自由度为13，$Sig.$ 为0.01，平均值差值为1.5952，标准误差差值为0.3810，差值95%的置信区间为 [0.7719，2.4184]。

B3：消费者对肯德基非拟人化文字广告感知后的购买意愿和关

注度。

在肯德基拟人化的测验中，拟人化程度≥3.5 的个案数达到 8，平均值是 4.6250，标准偏差是 1.2653，标准误差平均值为 0.4473；拟人化程度 <3.5 的个案数为 7，平均值是 2.7619，标准差是 1.031，标准误差平均值是 0.3897。独立样本检验中，购买意向的假定方差中，F 值为 0.466，显著性为 0.507，t 为 3.095，自由度为 13，$Sig.$ 为 0.09，平均值差值为 1.8630，标准误差差值为 0.6020，差值 95% 的置信区间为 [0.5625，3.1636]。

B4：消费者对肯德基拟人化文字广告感知后的购买意愿和关注度。

在肯德基非拟人化的测验中，拟人化程度≥3.5 的个案数达到 5，平均值是 5.5333，标准偏差是 0.6912，标准误差平均值为 0.3091；拟人化程度 <3.5 的个案数为 10，平均值是 4.1333，标准差是 0.9322，标准误差平均值是 0.2948。独立样本检验中，购买意向的假定方差中，F 值为 0.078，显著性为 0.785，t 为 2.954，自由度为 13，$Sig.$ 为 0.11，平均值差值为 1.4000，标准误差差值为 0.4739，差值 95% 的置信区间为 [0.4561，2.3438]。

从最后结果分析来看：对于实用品来说，拟人化后的消费者购买意愿要强于非拟人化的。对于享乐品来说，拟人化的消费者购买意愿也要明显高于非拟人化的。这表明在本实验中，无论对于实用品还是对于享乐品，品牌拟人化对于消费者购买意愿都具有显著的提升作用。因此对于企业，有效实施品牌拟人化策略，有助于提升消费者购买意向，能够帮助企业促进产品销售，实现更多的销售利润。

❓思考题

1. 预实验设计和真实验设计具有什么作用，存在什么区别？

2. 问卷调查法具有什么特点，有哪些分类？

3. 在做哪类数据的采集时，应该选择问卷调查法？在做哪类数据的收集时，应该选择实验法？

4. 实验室实验和田野实验有什么区别，分别有什么优缺点？

第6章 量表与问卷设计

学习目标

了解：测量与态度量表的基本含义和实际价值

理解：量表的信度与效度

掌握：掌握问卷的基本结构和设计流程

 引 例

顾客满意度研究在连锁企业的运用

近年来，我国越来越流行连锁经营这种商业模式。它通过统一调动人力、物力和财力资源，采用相同的经营战略模式，并借助雄厚的资金，来提高经营效率，获取竞争优势。与此同时，传统业态受到了巨大冲击。为了应对激烈的市场竞争，保持市场份额，传统业态改变了经营策略。此外，如今消费者的偏好、需求不断发生变

化，如何准确捕捉消费者需求，为消费者提供适合的产品和服务，是企业需要不断探索的问题。为了能够实现有效的生产经营，企业开始了市场调研，调研的第一项内容便是顾客满意度。由于顾客满意度是动态的指标，因人而异，影响因素也多种多样，因此企业在进行调研时，要尽可能策划周全。

对顾客满意度的调查，需要借助消费者行为学、市场营销学、心理学等众多领域相关知识，在进行大量走访调查、收集数据的基础上，还要借助各种统计软件对数据进行处理、分析和验证，对于有问题的地方，及时改进和完善。对顾客满意度的调查研究包括如下几个过程，首先建立指标体系，然后制订调研计划、设计问卷、收集数据及分析、完成报告等。

1. 制订调研计划

在这一过程中，调研人员首先要明确调研目标和调研要求，然后根据目标和要求来决定调研方式、确定样本空间、选择抽样方式、明确发放问卷数量与有效问卷数量等。其中，调研方式包括如下几种：全程服务体验、部分过程体验，潜在用户体验以及隐蔽式体验。接下来逐一进行介绍。全程服务体验是指调研人员佯装成顾客，进到店里体验服务的整个过程。这种调研方式的优点是不容易被发现，隐蔽性最强，从而可以获得最真实、最客观、最全面的信息；缺点是成本较高，需要投入大量的人力、财力资源，花费大量的时间和精力。部分过程体验是指佯装成顾客的调研人员只体验店内服务的关键环节。这种调研方式的优点是成本相对较低，但仍可以获取大量信息，调研效率较高；缺点是由于没有深入整个过程，获取的信息不够完整、全面。潜在用户体验是指主要通过问询、交流、访谈的方式来调研调研对象，较少亲身体验其服务过程。这种调研方式的优点是适合调研调研对象的业务技能、工作态度；缺点是不够隐蔽，容易被调研对象猜测出来是在考察，从而不能将真实情况展现出来，调研结果准确性值得考究。隐蔽式体验是指不亲身体验服务流程，只是在远处观察调研对象的服务流程、工作态度，从而对其进行评价。这种调研方式的优点是成本小、易于操作；缺点是收集的信息较少，不能了解服务过程的全貌，调研人员的评价可能不够客观。

2. 设计问卷

设计调研问卷需要遵守以下三个原则：首先，问卷的问题须紧紧围绕调研目标，不能偏离调研主题，每一道问题都要服务于调研目标；其次，问题的表述须精准、凝练，要考虑到调研对象的文化程度、知识背景、生活经历等，尽量用通俗易懂的语言来讲明问题，若一定要用专业术语，则须首先对专业术语进行解释；最后，问卷的问题不宜过多和过长，问题顺序的设计须符合一定的逻辑。比如，先调研前因变量，再调研中介变量，最后调研结果变量。如果逻辑混乱，可能影响调研对象的思路，导致问题回答的质量降低。问卷设计完成之后，需要进行小范围的预调研，找出问卷的不合理之处并加以改正，确保问卷无误后，再进行大范围的发放和调研。

3. 收集数据及分析

访谈、问卷调研完成之后，接下来需要收集数据。常见的数据收集方式有如下几种：电话访谈、整理深入体验服务流程的记录、向消费者发放调研问卷、网络调研等。收集到的数据可能是海量的，这时需要注意对质量的把控。数据回收完成之后，首先要剔除无效样本，如漏答、明显错答等，然后借助软件对数据进行验证和分析。

4. 完成报告

根据数据分析结果，结合调研目标，整理出一份详细的调研报告。调研报告除了需要对调研的全过程进行详细阐述外，还要从调研结果中总结启示，找出企业当前经营存在的问题，探索提高满意度的方法。

总之，为了提高传统企业的竞争力，企业应从顾客满意度入手进行调研，根据需求选择适当的调研方法，并最终总结出一份有指导意义的结论，从而帮助传统企业在激烈的市场竞争中立于不败之地。

资料来源：陈福钦. 顾客满意度研究在连锁企业的运用 ［EB/OL］. ［2009 - 03 - 19］. https：//www. docin. com/p - 75910940. htm. 文字经节选，有删改。

讨论与思考：

设计问卷需要注意哪些问题？

6.1 量表设计

有时，人们会提出前人没有研究过的新构念，这意味着没有成熟量表可供使用，因此为了检验该构念，需要自己设计量表。量表的设计步骤如下。

6.1.1　明确量表的测量目标

在编写量表之前，首先要确定想要测量的构念，同时需要对构念的内涵、范围、测量层次等进行深入了解。在认识构念之后，只有确定前人没有开发过适合的成熟量表后，才有必要自己开发量表。在营销中，测量不是针对客体（如消费者）本身，而是通常关注其态度、偏好、认知等特征。另外，构念的应用范围也需要确定。比如，若以游戏类客服人员为样本发展一个"服务倾向"量表，那么要事先确定好该量表是只适用于游戏类客服人员，还是适用于各种类型的客服人员。

6.1.2　编写备选项目

明确量表需要测量的构念之后，下一个任务是写出量表中可能包含的项目。通常是先将这些项目列举出来，对每个项目进行分析，初步排除不符合要求的项目，最后选择编入量表的项目。编写量表项目的方法有三种：归纳法、演绎法和组合法。[①] 归纳法是调研人员通过访谈、发放带有开放式问题的问卷等方式收集大家对构念的描述，通过对收集资料的分析，筛选不符合要求的内容，最后形成备选项目。使用归纳法可以获取丰富的项目，但是调研人员与调研对象对构念的理解可能存在偏差。演绎法是调研人员对构念的内容和

---

① 罗胜强，姜嬿. 管理学问卷调查研究方法［M］. 重庆：重庆大学出版社，2018.

结构有扎实的理论基础，可以基于自己对构念的理解编写出反映构念的项目，然后进行筛选。演绎法可以保证获取的项目均符合自己的测量要求，但是产生的项目有限，可能会忽略一些实际存在的指标。组合法是调研人员根据对构念的理解，先给每个维度下定义，然后再收集条目，从而使收集的内容更具有针对性。总之，编写备选项目首先是通过各种方式收集尽可能多的与构念相关的指标，经过分析、讨论，删除不符合要求的指标，最后形成备选项目。

6.1.3　确定量表的类型

收集完备选项目之后，接下来开始选择量表。营销中常用的量表有两种——比较量表和非比较量表。比较量表通过和其他客体进行比较，来评价该客体的某一特征。常用的比较量表有配对比较量表、等级序列量表和数值分配量表。配对比较量表事先给出一组对象，然后对该组对象进行两两比较，根据事先确立的标准，在比较的两个客体中找出更合适的那个。等级序列量表根据对象的某一特点，将对象分成等级，并用数字表示。数值分配量表由调研人员规定总数值，由调研对象将数值分配在不同的对象间。非比较量表则每次只对一个对象进行分析，不与其他对象进行比较。研究中经常用到的非比较量表有李克特量表和语义差异量表。李克特量表事先给一段陈述，由调研对象来评价对这段陈述的同意程度。语义差异量表由一系列两极性形容词的词对组成（如"新颖"和"陈旧"、"高"和"低"），并通常划分为 7 个等值的评定等级。因此，在收集到众多备选项目之后，需要选择恰当的量表，来将它们转化成调研对象可以回答的问题。

1. 配对比较量表

您认为芬达和美年达的橙汁哪一个甜度更高？

○芬达　　　　○美年达

2. 等级序列量表

请您根据自己的喜好，对下面 5 个品牌的奶茶进行排序，最喜欢的为 1，次喜欢的为 2，以此类推，最不喜欢的为 5。

蜜雪冰城_____　　　一点点_____　　　喜茶_____

CoCo _____　　　贡茶_____

3. 数值分配量表

如果总分为 100 分，请您根据重要程度，对手机的以下属性进行打分。

外观_____　　　摄像头像素_____　　　内存_____

屏幕分辨率_____　　　播放音质_____

4. 李克特量表

我认为微信读书的页面很清爽。

○非常同意　　○同意　　○无所谓　　○不同意

○非常不同意

5. 语义差异量表

请您在下面形容词对的 7 个等级之间，选择适当的等级来表明对"汉堡王"快餐店的印象。

食物美味　—　—　—　—　—　—　—　食物不美味

环境卫生　—　—　—　—　—　—　—　环境不卫生

服务周到 —— —— —— —— —— —— 服务不周到

取餐快捷 —— —— —— —— —— —— 取餐不快捷

在选择好量表之后，要确定相邻选项之间的距离，接下来以李克特量表为例。量表点数不宜过多，如果选择 10 点以上的量表，调研对象会无法区分相邻点数间的区别，因此，点数在 7 点以内最佳。另外，点数尽可能为偶数，这样可以避免调研对象选择中立，从而了解其态度倾向。

6.1.4　评审备选项目

这一步骤的目的是保证量表的内容效度，检查文字表述是否存在含混不清、语义歧义的地方。可以采用定性的方法，如聘请专家根据构念的定义对测量项目进行评价，以及聘请测量对象对测量项目的表述、措辞进行检查，根据他们的建议对量表不断优化和完善。另外，还可以采用定量测量的方法，如聘请一组调研对象，将构念的定义和所有测量指标告知他们，请他们根据自己的理解将构念与指标匹配，最后计算每个指标有多少人的匹配方式与调研人员预计得一致，从而判断量表的内容效度。

6.1.5　量表预测试

量表编写好之后，需要对其进行预测试检验。首先，需要用探索性因子分析的方法检验构念的结构效度。但由于探索性因子分析较为严格，通常很难实现每一个条目都进入预期的构念中，因此即便条目的载荷不好也不能轻易删去，而是应该严谨、仔细地分析原因，确定该项目内容偏离才能删去。其次，当结构效度达到要求之后，需要对量表的效标效度、逻辑关系网、聚合效度、区分效度以及复本信度、重测信度和内部一致性信度进行检验，如果未达到要求，需要修订并再次检验。最后，研究者在预测试时应注意收集各种效度和信度的证据，以证明该量表是可用的。

6.2　问卷设计

6.2.1　问卷设计流程

1. 明确调研目标和调研对象

在问卷设计之前，需要明晰调研的目标，问卷的任何内容都是围绕目标来设计的。问卷目标可能非常综合和复杂，因此调研人员需要在深入理解总体目标之后，将其拆分成一个个小目标，根据小目标来思考所要调研的问题。另外，调研对象也需要明确。根据调研内容来分析调研对象所应具备的特点和条件，从而确定调研对象。如果调研对象选错，不仅会降低调研效率，调研结果也会失去意义。因此，明确调研目标和确定调研对象是问卷设计的首要任务。

2. 确定收集问卷的方法

问卷的收集方法有四种：现场访谈、电话访谈、邮寄纸质版问卷和网络问卷。收集方法不同的问卷在问题设计上有所差异。在现场访谈中，调研人员可以与调研对象面对面交流，充分解答调研对象的疑问，了解其投入状态，随时活跃气氛以保持其积极性。由于事先约定过时间，调研对象的时间相对充裕，因此现场访谈可以设计复杂的、详细的、能够自由表述的问题。在电话访谈中，由于无法与调研对象面对面交流，因此问题需要尽可能简洁、容易，语言也要尽量生动、活泼，激发调研对象的兴趣。在邮寄纸质版问卷和网络问卷中，由于无法与调研对象交流，因此调研的背景信息需要事先交代出来，语言尽量通俗易懂，内容简洁明了，问题不宜过多，应以选择题和量表为主。由此可见，在问题设计之前，应事先确定问卷收集的方法。

3. 设计问题内容

一份问卷应当包括三类问题：一是资格筛选问题，二是人口统计特征问题，三是问卷的核心问题。

资格筛选问题会排除掉不符合要求的调研对象，既节省调研对象的时间，也提高了数据的准确性。例如，调查大学生们毕业旅行的偏好，第一个问题可以设定为"毕业季您会选择旅行吗?"如果选择"否"，则直接结束问卷。人口统计特征问题既可对调研对象进行分类（如按照年龄、性别、教育程度区分），又可以了解所调研的核心问题与人口统计特征的关系。问卷的核心问题是与调研目的直接相关的问题，难度有浅有深，注意语言的规范性，既要把所有重要的问题都涵盖进来，又要排除非必需的问题，使问卷整体结构合理，长度适中。

4. 对设计问题进行排序

当问题全部设计好之后，需要对问题进行合理的排序。首先是资格筛选问题，确保调研对象准确；其次是人口统计特征问题，以对调研对象有初步了解；最后是核心问题，由浅入深，直接关联调研目标。

1. 资格筛选问题

您是否玩过游戏"第五人格"？

○是　　　　　○否

2. 人口统计特征问题

您的年龄？

○18 岁及以下　○19 ~ 25 岁　○26 ~ 35 岁　○36 岁及以上

您的文化程度？

○高中及以下　　○大学专科　○大学本科　○硕士及以上

3. 简单核心问题

您玩这款游戏的原因是什么？

□放松身心　□打发时间　□结交朋友　□锻炼思维

□获取成就感

4. 复杂核心问题

请您对游戏中以下几个元素的重视程度进行排序。

○游戏场景　○角色性格　○服装造型　○剧情设定

5. 问卷的格式、外观和版式设计

问卷的问题编写完成之后，还要注重外观的设计。科学合理的布局既能方便调研人员阅读、作答，又能给调研对象留下一个良好的印象。首先，问卷的格式需清晰规范，同级标题的字体、字号以及行间距保持一致；其次，同一道问题及其答案应排在同一页纸上，避免调研对象做同一道题需要来回翻页或者遗漏选项；最后，纸质问卷需要注意印刷质量，尽量选择优质的纸张印刷。如果问卷的外观设计不佳，调研对象会认为该调研项目不重要，从而不能持认真的态度去作答，影响回收数据的质量。

6. 对问卷进行预测试

问卷完成之后，为了找出并解决可能存在的问题，需要对小规模范围内的目标调研对象进行预测试，根据预测试的调研结果进行进一步完善和修订，然后进行二次测试。如此反复，直到问题被全部纠正为止。问卷的各方面内容都应该进行预测试，包括问题、选项、措辞、结构、外观等。任何问卷都需要进行预测试，因为即便是各个步骤都严格对待，也会有出现差错的可能。参加各轮预测试的调研对象不应相同，以查找出尽可能多的问题。在预测试中获取的数据，也要尽量整理、保存，以备未来数据分析时使用。

问卷设计流程如图 6-1 所示：

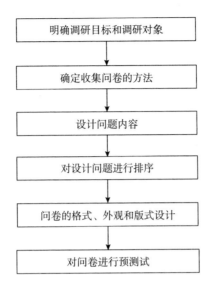

图6-1　问卷设计流程

6.2.2　问卷问题设计

1. 确定问题的类型

调研问题包括非结构化问题和结构化问题。

非结构化问题又称开放式问题，是指调研对象用自己的语言自由回答调研人员所提出的问题。这类问题没有备选答案，调研对象根据自己的思考和理解，充分表达自己的观点和态度，答案的长度以及深入程度均由调研对象自己来把握。非结构化问题可以使调研对象更确切地表达自己的想法，调研人员也不必提前设计选项，以避免调研对象的答案被选项范围所限制。但是由于调研对象的思路各不相同，答案五花八门，因此非结构化问题的答案整理起来难度较高，费时费力，调研人员对答案的理解也可能出现误差。所以，非结构化问题更适合做开场白问题，但不宜过多，更常见于探索性调研中。例如：

您认为相比于其他品牌手机，华为手机的优点有哪些？

结构化问题又称封闭式问题，是指调研人员提出问题后，还提供了一组备选答案，让调研对象分析之后选出最符合的答案。结构化问题包括二项选择题、多项选择题和量表题。二项选择题是指备选答案只有两个且相互排斥，如"是"与"否"、"正确"与"错误"、"符合"与"不符合"等。多项选择题的备选答案超过两个，调研对象从中选出一个或多个最符合自己情形的答案。量表则是让调研对象对各备选答案进行打分、排序等，如"李克特量表""语义差异量表"等。结构化问题对于调研对象来说更容易回答，节省精力，但是容易使填答者思路受限；另外，填答者也有随意选择的可能，从而影响整体数据的准确性。

1. 二项选择题

您是否使用过微信读书？

○是　　　　　○否

2. 多项选择题

您经常阅读的书籍类型有哪些？

□小说类　□诗歌类　□历史类　□科幻类　□经济类

□动漫类　□生活类

3. 量表题

我认为读书可以使我放松身心。

○非常同意　○同意　○一般　○不同意　○非常不同意

2. 明确问题的必要性

问卷内容不能冗长，否则会影响调研对象的时间、精力以及问卷的填答质量。问卷只需要包含必要的、与调研目标直接相关的，或者即使不直接相关但是会服务于某种特定目的的问题。如果调研人员可以预料，几乎所有调研对象对某个问题的回答基本一致，则这个问题可以去掉；如果某几道题调研的内容大体一致只是表述不同，则这类问题可以只保留一道，从而保证每道问题都有各自的价值，节省调研对象的时间，避免调研对象抵触，提高调研的效率。

3. 向调研对象提供必要的辅助信息

当调研对象没有使用过该类产品，或者厂商推出一种新产品时，调研人员应该在调研对象填答问卷之前提供必要的关于该产品的背景信息，使调研对象能够迅速对其知悉，从而根据自己的理解作答。另外，有些调研对象不善于表达，无法清晰传递出自己的想法，讲不出合适的措辞。比如，"请描述一下 iPhone X 的使用体验"，调研对象可能无从谈起。这时需要向其提供必要的辅助方式，如在外观、款式、性能等方面进行引导，或者提供一些关于体验的备选答案，从而使其顺利表达出自己的观点。

4. 问卷的问题需明晰

问题需要以明确的方式来提问，一个问题通常只服务于一个调研目标，不应有过大的容量，不能同时提问多种信息，以避免出现双重或多重问题，导致答案歧义。例如：

您是否认为完美日记品牌的粉底液遮瑕力高，眼影容易上色？

这个问题包含两个信息——粉底液的信息和眼影的信息。如果调研对象给予否定回答，会出现歧义：无法确定是粉底液有问题，眼影有问题，还是二者都有问题。因此，为了能够得到明确、清晰的答案，应该将该问题拆分成两个。例如：

您是否认为完美日记品牌的粉底液遮瑕力高？

您是否认为完美日记品牌的眼影容易上色？

5. 问卷的选项要合理

选项的数目要合理，对于态度度量的问题，一般 7 点式量表足够；对于类别选择的问题，不宜超过 7 个选项，其余类别可归入"其他"中，由调研对象填空。另外，选项需要互斥且尽可能完整，选项间在范围上不应存在包含、重叠关系，当所有选项不能涵盖整体情况时，应加入"其他"选项。例如：

您每月愿意在书籍上花费多少钱？

○0～100 元　　○100～300 元　　○300～500 元

○500 元以上（不正确）

您每月愿意在书籍上花费多少钱？

○0～100 元　　○101～300 元　　○301～500 元

○500 元以上（正确）

6. 注意问题的措辞

问卷的措辞需要保证调研对象能够正确地明白调研人员想要调研的内容，从而保证数据的准确性；还要注意保持调研对象的兴趣，以提高其积极性。具体要注意以下几点。

（1）用词需要简洁明了、容易理解。当调研对象接受教育的水平参差不齐、社会经历多种多样、专业知识和技能涉及多方面时，问卷不应出现专业词汇，使调研对象对问题的理解出现困难，无法正常答题。例如：

您是否认为跨界营销，使该品牌产品的个性特征更加明显？（不正确）

您是否认为该品牌产品与其他行业结合时，更加具有特色？（正确）

（2）用词需要明确。不同的人对同一词汇的理解可能不同，尤其是涉及频率、程度等方面的问题时，调研对象对"度"的把握会存在差异，因此需要提供一个参考标准。例如：

在过去这一年中，您外出旅游的频率如何？

○从不　○偶尔　○经常　○有时（不正确）

在过去这一年中，您外出旅游的频率如何？

○1～3次　○4～6次　○7～9次　○10次及以上（正确）

（3）对于容易受感情影响的问题，应注意委婉表述。由于问题可能会影响调研对象的情绪、名声、形象或者触及其隐私，所以可以采取间接表述，或者提供分类选项而不是要求具体回答。例如：

您是否遭受过校园暴力？（不正确）

您的朋友是否遭受过校园暴力？（正确）

您每月的工资是多少？（填答）（不正确）

您每月的工资是多少？

○1000元及以下　○1001～3000元　○3001～5000元

○5000 元以上（正确）

（4）避免引导性问题。调研不能带有倾向性。调研人员不能为了使数据符合自己的预期而在问题中暗示调研对象选择某个选项，或者设置不平衡的选项以影响调研对象思考。例如：

您更喜欢哪个品牌的口红？圣罗兰还是其他品牌？（不正确）

您更喜欢哪个品牌的口红？（填答）（正确）

您认为西贝莜面村的服务怎么样？

○非常好　　○较好　　○一般　　○不太好（不正确）

您认为西贝莜面村的服务怎么样？

○非常好　　○较好　　○一般　　○不太好　　○非常不好（正确）

6.2.3　问卷设计网站

（1）问卷网：https：//www. wenjuan. com/

可以创建免费问卷。

（2）问卷星：https：//www. wjx. cn/

功能丰富，问卷制作方便。

（3）腾讯问卷：https：//wj. qq. com/

操作简单，容易使用。

（4）蜂鸟数据：https：//www. fnwenjuan. cn/

提供多种问卷创建方式，优选专业化模板，配置多样化题型，便捷化逻辑设计，可提供实时数据分析、在线交叉分析以及图表化呈现。

（5）沃销众填：https：//zt. woxiaoyun. com/

在线问卷样本快速收集平台，为大学生毕业论文、课题研究、企业产品调研、市场调研等提供样本收集渠道。

（6）SurveyMonkey：https：//www. surveymonkey. com

全球受欢迎的在线调查问卷工具。

（7）Typeform：https：//www. typeform. com/

让调查变得简单、人性化和优美。

（8）谷歌调查：https：//www. google. cn/forms/about/

可收集和整理大大小小的信息。

？思考题

1. 量表设计包括哪些步骤？

2. 请说明结构化问题和非结构化问题的优缺点及各自的适用条件。

3. 问卷在问题设计上需要注意哪些问题？

4. 请分析和评价下列问卷问题设计的合理性。

（1）您是否认为 A 品牌奶茶既好喝又健康？

　　　○是　　　○否

（2）您的住处离工作单位远吗？

　　　○很远　　○较远　　○一般　　○较近　　○很近

（3）专家表明，熬夜对身体不好，那么您对熬夜的态度是

　　　＿＿＿＿＿＿。

　　　○赞成　　○反对

第7章　抽样设计

 引　例

秋冬旺季，母婴店纸尿裤如何重燃热度?

婴儿纸尿裤市场渗透率在持续提升。

现在购买婴儿纸尿裤的用户越来越多。由于方便、卫生的优点，纸尿裤曾经在一二线城市比较流行。如今，随着人们生活水平的提高，四五线城市的用户也纷纷购买。纸尿裤的流行为母婴店的发展带来了机会。其中，需求量的增加带来了市场规模的扩大；另外，

销售纸尿裤，使母婴店与消费者距离拉近了，因其可以同时向消费者推荐其他商品。

但是，母婴店的纸尿裤品类这几年销量在持续下滑。主要原因如下。首先，线上渠道有了新的发展方向。随着电子商务的发展，人们越来越习惯通过淘宝、微店购买产品，因此，线下商店的市场份额不断下降，顾客忠诚度降低。其次，纸尿裤的品牌众多。由于制作工序简单，行业壁垒低，越来越多的商家开始打造自己的纸尿裤品牌。再次，线下商店不具有价格竞争优势。租赁店铺、库存仓储、雇用人员需要花费大量成本，因此线下商店的商品价格较高，但利润不高。最后，线下商店的供应链管理难度较高，供应商、中间商、销售商难以协调，价格、质量、服务水平难以把控，当出现突发事件（如疫情）时，一些不可控的因素会导致线下商店的经营出现困难。

纸尿裤在秋冬季节的需求最大，因此，母婴线下商店要把握时机，探索新的商业模式和经营策略，以促进产品的销售，吸引目标客户。

首先，线下商店需要销售纸尿裤产品，因为其是母婴产品的重要类别之一。且店员需要熟悉该产品属性，以便为顾客精准推荐和答疑。2019 年，纸尿裤占母婴店销售额的 10%，相比其他产品，其比重偏低，因此找到纸尿裤在销售中存在的问题和应对策略尤为重要。

其次，经营的重点是什么？

1. 选品组货

A. 首先确定店内各商品的位置分布以及所占空间的大小，因其反映了店家对各商品的重视程度，并且与销售量息息相关。

B. 然后选择卖哪几个品牌。市场上品牌众多，但能卖的也就 3～5 个，因为陈列货架有限。

C. 确定自己的定位。不同的品牌有不同的档次，这时店家要确定自己的目标定位，从而决定不同档次产品的销售比重，这关乎企业的竞争战略。

D. 中高端品牌纸尿裤的占比尽量高一些。一方面，是为消费者的健康、安全提供保障，小品牌纸尿裤在质量上难以把控，容易为消费者带来安全隐患，而且随着经济条件的改善，人们更愿意花费较高的价钱购买品质好的产品；另一方面，小品牌的产品利润低，可能不足以弥补线下店面带来的成本。

E. 店家要与消费者建立联系，了解消费者的需求和偏好，同时关注其他店家的产品，从而找到突破口，推出差异化产品，建立自己的竞争优势。比如，销售舒适度更高、透气性更好的产品。

F. 店家还可以将纸尿裤与其他产品捆绑销售，如与宝宝湿巾组合，并赋予特定的内涵，从而促进产品销售，提高产品单价。

2. 旺季对纸尿裤品类强化营销手段

A. 可以推出一些试用产品。对于陌生的品牌，消费者可能不敢轻易尝试，这时可以通过赠送试用装来让消费者体验，进而起到一个推广的效果，吸引消费者购买。

B. 为顾客提供良好的服务，以提高其消费体验。比如，耐心的答疑、完善的售后服务、赠送小礼品等。一定不能仅仅依靠价格战，那是用实体店的短处和线上店的长处竞争，是死胡同。

C. 随着互联网的发展，单靠线下渠道销售产品是不够的，要进军电商行业，实现线上和线下同步销售，将各渠道优势互补。此外，还需要采取多种营销方式来推广产品，如建立微信公众号来介绍产品，在抖音、哔哩哔哩、快手等软件上发布视频，以提高产品的认知度和知名度。

D. 在疫情期间，要找到合适的应对策略，如线上销售、线下无接触配送等，既注意个人防护，又尽可能多销售产品。

资料来源：王同. 秋冬旺季，母婴店纸尿裤如何重燃热度？［EB/OL］.［2020－10－28］. http：//www. emkt. com. cn/article/671/67139. html.

讨论与思考：
在上述案例中，哪些流程可以采取抽样调查的方式？

7.1　抽样设计的概念

7.1.1　抽样的相关概念

1. 总体、个体和样本

总体是在进行抽样调查研究时，所要研究的全部调研对象；个体是总体中每一个调研对象；样本是按照一定的规则，在总体中抽取的调研对象。例如，调研某一地区居民的月支出情况，于是抽取1000 人对其进行调研，那么该地区的全体居民为总体，该地区的每一位居民为个体，被抽到的 1000 位居民为样本。

2. 总体指标和样本指标

总体指标是反映总体某种特征的参数，是根据总体的标志特征来计算的；样本指标则是反映个体某种特征的参数，是样本统计量的取值。常见的指标有平均值、方差、标准差、中位数、众数。可以利用统计学的方法，用样本指标推断总体指标。一个总体样本通常包括许多样本指标，它们从多个角度和维度，反映总体样本的分布状况和主要特征。

3. 普查和抽样调查

普查是为了某个调研目标，对所有调研对象做全面调研，它是对总体中所有个体进行完整统计，如人口普查；抽样是为了某个调研目标，对部分调研对象做全面调研，是总体的子集。营销调研中大多使用抽样调查的方法，如调研消费者对公司新推出的产品的态度。

7.1.2　抽样方式

（一）固定样本抽样和顺序抽样

1. 固定样本抽样

固定样本抽样是指事先通过查表法来确定样本规模的抽样方法。首先根据抽样要求估计结果的可靠度、可接受的最大误差率和总体预期的误差率，然后选择适当的表格，在表格上找到可接受的最大误差率和总体预期的误差率的交叉点，该点处对应的数字就是所要确定的样本规模。固定样本抽样法可持续观察一组调研对象的行为、态度及其变化，操作过程容易实施，但是成本相对较高。

2. 顺序抽样

顺序抽样是指事先不确定样本规模，样本规模的大小取决于抽样时的情况以及调研人员的判断。在抽样时，每抽取一个样本会进行一次分析，如果不能得出达到要求的结论，则继续抽样，直到结果满意为止。相比于固定样本抽样，顺序抽样可以提高调研结果的准确度，且花费的时间、金钱成本较低，但是操作起来难度较大。

（二）概率抽样和非概率抽样

1. 概率抽样

概率抽样是指按照随机性原则选择抽样单位，总体上每个个体都有同等被抽中的可能，并根据最后抽到的个体信息来推断总体特征的抽样方法。在概率抽样中，抽样误差与调研成本和样本总量相关。抽样误差会随着样本总量的增加而减小，调研成本会随着样本总量的增加而增加。由于每个个体被抽中的概率已知，因此抽样误差的大小可以被计算和控制。但是在大多数案例中，同等规模的概率抽样的成本比非概率抽样高，且抽样计划执行程序也更加复杂，需要投入大量的时间来收集资料。概率抽样包括简单随机抽样、系统抽样、分层抽样、整群抽样。

（1）简单随机抽样是指完全按照随机性原则，从 N 个总体中抽取 n 个样本，抽取前不会对总体进行排序、分类等处理，但会对样本编号，每个样本被抽中的概率是已知且相等的。它适用于总体样本比较小，且带有某种特征的样本在总体中均匀分布的情况。简单随机分布易于理解，且样本的特征可以反映总体，但是其抽样框架难以构建，且当总体规模很大或地理范围分布很广时，收集数据的成本和难度会增加，最后统计结果的精确度也会降低。常用的简单随机抽样方法有三种：抽签法、随机数表法和通过计算机软件产生随机数的方法。抽签法是将样本按顺序编号，放到容器中摇晃均匀，根据事先约定的抽取数量，以无偏差的方式一次或多次取出。随机数表法是将 0 ~ 9 的 10 个数字，根据随机原则和编码位数的要求（如两位一组，三位一组，五位甚至十位一组），利用特制的摇码器（如电子计算机），自动地逐个摇出一定数目的号码，并将它们编制成表，表内任何一个数字都有同等出现的概率。可以产生随机数的计算机软件有 Excel，MATLAB，Dev－C＋＋等。

（2）系统抽样又称等距抽样或机械抽样，是指将总体中的所有样本按照某一特点排列，计算总体数与所要抽取的样本数的比值 K，以比值 K 作为区间长度对样本队列顺序分段，在第一段中随机抽取一个样本，然后间隔 K 个样本在第二段中再选取一个样本，以此类推，直至抽取完所需要的样本数。它适用于总体样本较大，抽取的样本数较多，且样本间差异较小的情况。系统抽样的成本较低，简便易行，抽样效率较高，如果事先了解总体样本的排列规则且正确地加以利用，可以实现较高的精度。但是系统抽样的代表性相对简单随机抽样较差，精度估计也较为困难。常用的系统抽样方法有三种：随机起点等距抽样、半距起点等距抽样、对称等距抽样。随机起点等距抽样首先确定样本与样本之间的间隔 a，在第一段区间随机选取一个样本，然后每隔 a 个样本抽一次样。半距起点等距抽样对在每一段区间内位于中点的样本取样。对称等距抽样在第一个区间内随机抽取第一个样本，然后在第二个区间内与第一个样本位置对称的地方抽取第二个样本，在第三个区间内与第二个样本位置对称的地方抽取第三个样本，以此类推。

（3）分层抽样是指将样本总体按照某一属性分成若干层，层与层之间无重叠，每个样本均属于也仅属于某一个层，然后在每一层中，运用简单随机方法或系统抽样方法抽取样本。当样本总体数量很多，样本之间差异很大且分布不均匀时，应采用分层抽样。分层抽样可以使结果的精确度更高，所抽样本更具有代表性，但是分层抽样的实施过程较为复杂，所需成本也比较高。常用的分层抽样方法有三种：分层比例抽样、分层最佳抽样和最低成本抽样。分层比例抽样是指在分层结束之后，计算各层样本占样本总数的比例，然后按照该比例来决定每一层中所应抽取的样本数。分层最佳抽样是指在根据分层比例抽样确定各层所抽取的样本数的基础上，根据各层标准差对各层的抽样数目进行调整，从而降低各层之间的差异。最低成本抽样是指在保证预期效果的前提下，根据成本来确定每层的抽样数目，对于抽样成本较高的层，抽样数目会相对较少，以控制成本支出。

（4）整群抽样是按照一定的原则，将总体样本分成一个个群组，群与群之间无重叠，每个样本均属于也仅属于某一个群，然后对群组进行随机抽样。抽到的群组，可以对所有群组内的所有样本进行普查，即单阶段整群抽样；也可以对其中的样本做抽样调查，即两阶段整群抽样。各群之间的样本总体情况差异尽量小，群内样本之间的差异尽量大，从而使每个群均具有代表性，可以反映总体样本的情况。整群抽样适用于总体样本间差异不明显，无法按标准分层的情况。整群抽样容易实施，所花费的时间、金钱、人力成本较小，抽样效率较高，但是整群抽样的误差较大，精确度较低，样本的代表性较低。常见的整群抽样有区域抽样（或称分区抽样），即以地理区域（如国家、省份、城市等）作为将总体样本分成一个个群组的依据。

2. 非概率抽样

非概率抽样又称非随机抽样，是指不按照随机原则去抽样，调研人员根据现有的条件和调研的目标，依赖个人主观想法、专业知识、历史经验而不是客观概率来抽取样本，并根据这部分样本指标的结果，来推断总体特征的抽样方法。因此，当调研对象的总体样本结构太过复杂，或者总体样本数目未知时，通常采用非概率抽样方法。非概率抽样操作简便，灵活性较高，节省时间和金钱成本，但是由于带有较强的主观性，总体推断结果的精确性较低。另外，相对于概率抽样，抽取的样本所具有的代表性也较低。非概率抽样包括方便抽样、判断抽样、配额抽样、滚雪球抽样四种。

（1）方便抽样又称随意抽样、偶遇抽样，是指调研人员根据方便的原则在总体中自行确定样本来做抽样调查的方法。如为调研某种产品，在超市里随机选择购买该产品的顾客进行调研，有一定的偶然性。方便抽样可以低成本、快速地获取市场信息，适用于非正式的探测性调研，用于初步了解调研对象的观点和态度。方便抽样的样本容易获取和测量，相比于其他调研，更节省时间和金钱，但是当样本之间存在的差异较大时，便不能据此推断整体，抽样误差较大。

（2）判断抽样是指调研人员调动自己的专业知识、既往经验来选取认为有代表性的样本的方法。由于所抽取的样本反映总体样本的程度取决于调研人员的判断能力，所以为了提高调研结果的精确度，调研人员通常聘请专家来提出建议，或者查阅资料来提高判断技巧，所抽取的样本可能是总体中普遍存在的样本，也可能是处于平均水准的样本，还可能是极端状况的样本。因此，判断抽样适用于样本数很少，但总体样本规模很大且分布广泛的情况。专业人员判断抽样样本，所具有的代表性更高，但对于判断经验不足的调研人员来说，容易由于分析失误而导致抽样误差的产生，且抽样误差无法事先计算和估计。

（3）配额抽样又称定额抽样，与分层抽样类似，调研人员首先按照某一属性特征将总体样本分成多层，计算每层样本数与样本总数的比例，并根据该比例为各层分配抽样数额，然后在每一层中，依据事先计划好的数额，主观抽取样本。配额抽样适用于总体样本间差异较小，或者调研时间和资金有限的情况。配额抽样在选择样本时花费的成本较低，操作起来也比较简单方便，但是无法预估误差。

（4）滚雪球抽样是指首先随机选取一组调研对象调研，请他们帮忙提供其他属于所调研目标总体的调研对象，然后对这一轮调研对象进行调研，并再委托第二轮调研对象继续帮忙推荐调研对象，以此类推。一轮一轮下去，样本数像滚雪球一样越来越大，调研结果的准确性也越来越高。滚雪球适用于样本分散，且样本间彼此联系紧密的情况。滚雪球抽样可以找到在总体中十分稀少的样本，并能够估计其某些特征，而且抽样误差与成本费用相对不高。但是这种抽样方法的调研质量可能较低，当总体样本规模较小时，样本数可能很快就达到饱和值。

7.1.3　抽样设计的基本原则

1. 随机性原则

抽样调查需要依据概率论的原理，样本的抽取一定要遵守随机性原则，每个样本被抽中与否均属于偶然事件，不能随意剔除样本或更换样本，这样才能保证每个样本被抽取的概率相同并且不为零，避免了人为误差，从而使所抽样本的分布更接近于总体分布，并且可以更准确地计算和控制抽样误差。

2. 目的性原则

抽样调查的目标一定要明确。在设计抽样方案时，一定要从研究问题出发，确立目标，然后围绕预先设定的目标来进行。因此，为了获取调研所需的数据并对数据进行预分析，在抽样之前需要对样本某些特征进行测量，从而判断该调研资料是否为实现调研目标所需，是否符合调研的方向。

3. 可测性原则

抽样设计可以根据统计原理和方法,利用相关的理论公式计算标准误差,从而估计出该组测量数据的可靠性以及样本反映总体的程度。无论步骤多么严谨仔细的抽样调查方案,调查结果的准确度也不能达到百分之百,抽样误差是一定存在的,但是概率抽样可以事先计算抽样误差,这也是在抽样调查实施前所必须要完成的任务。计算抽样误差是连接理论结果与真实结果之间的桥梁,可以进一步提高结论的准确性。

4. 可行性原则

抽样方案是基于理论设计的,预期的状况较为理想,但是由于现实情况比较复杂,在实际实施过程中,通常会产生各种各样的偏差,导致不能很好地实现调研目标。因此,抽样方案的设计一定要是切实可行的,设计时要参考以前类似的项目,汲取既往经验,查阅相关资料,通过多种方式获取充分的调研信息,以尽可能考虑到未来实施过程中可能出现的问题、未来环境和条件的变化,并且探究出解决对策,做好备选方案,从而保证预期计划顺利实施,最终实现调研目标。

5. 经济性原则

任何研究所能利用的资源都是有限的,如时间、金钱、人力、物力等。因此在制定抽样方案时,一定要考虑资源的限制,力求以最小的成本获取最好的抽样效果。通常来讲,若要减小抽样误差,提高精确度，需要花费更多的资源，但这不一定是研究所必需的，不同的项目对精确度的需求也不同。因此，调研人员需要事先确定可容忍的最大误差，在成本和精确度之间进行权衡，从而探索出一套既能满足调研要求，成本又不超出现有资源的抽样调查方案。

7.1.4　抽样在市场调研中的意义

相比于普查，由于抽样调查的样本数量较少，因此实施起来更加节省时间和费用。而且，有些调研具有破坏性，如检验一组新生产的灯泡的寿命，这时不可能对全部灯泡进行试验。另外，尽管普查可以获取关于总体的更加全面、细致的信息，但是非抽样误差较大，而抽样调查只要控制好抽样误差，便可以得到比普查精确度更高的调研结果。

7.1.5　抽样误差

1. 抽样误差与非抽样误差

由于随机抽样会受到偶然性的影响，因此抽取的样本并不能完全代表总体。由偶然因素导致的样本统计值与被推断的总体参数之间的差值称为抽样误差。如样本居民平均收入与总体居民平均收入之间的离差，抽样误差的大小可以反映抽取的样本所具有的代表性，抽样误差越小，样本越能代表总体；抽样误差越大，样本越不能代表总体，当抽样误差为零时，由样本特征可以准确推断总体特征。

抽样误差可以利用数理公式来计算，通过了解其影响因素，可设计抽样程序来控制它。

非抽样误差是由除随机抽样的偶然因素以外的缘故所导致的，即抽样误差以外所有误差的总和。当非抽样误差的成本超过抽样误差时，会采用抽样调查法。市场调研的任何一个环节都会产生非抽样误差，具体可以分为设计误差、调研误差和汇总误差。设计误差是在设计调研方案的过程中产生的，如使用了有问题的抽样框、对总体定义的认知有错误等。调查误差是在实际调研过程产生的，有可能是调研人员的问题，也有可能是调研对象的问题，如调研人员对调研对象的回答有误解、调研人员记录错误、调研对象因不愿意回答而故意错误回答问题等。汇总误差是在汇总、整理和分析数据资料的过程中产生的，如数据录入错误，采用了错误的分析方法等。抽样误差也是不可避免的，但是可以通过设计严密的调研方案，选择更专业的调研人员，以及采用先进的数据处理技术等方式来对其进行控制。

2. 抽样误差的影响因素

（1）抽样单位数目的影响。在其他条件不变的情况下，抽取的样本数目越多，抽样误差越小，反之则越大。当样本数目等于总体数目时，抽样调查成为普查，推断结果完全准确，抽样误差为零。

（2）总体被研究标志的变异程度的影响。在其他条件不变的情况下，总体被研究标志的变异程度越大，抽样误差越大。例如，一个班级学习成绩的两极分化现象很严重，在调查学生对某一知识点的掌握程度的过程中，恰巧抽中的都是学习成绩较好的学生，则得出结论，该班级大部分同学均已熟练掌握此知识点，那么这种情况的抽样误差就较大。

（3）抽样方法的影响。抽样方法有两种，重复抽样和不重复抽样。重复抽样是有放回的抽样，即在总体样本中抽取一个样本，经检验之后再放回总体中，继续参与下次抽样。不重复抽样是不放回的抽样。在总体样本规模比抽取的样本数目大很多时，重复抽样和不重复抽样的抽样误差相差不大，但是当二者数值接近时，二者抽样误差的差值较大。通常来讲，重复抽样的抽样误差较大，不重复抽样的抽样误差较小。

（4）抽样调查方式的影响。调研时采用不同的抽样调查方式，所导致的抽样误差的大小也不同，因为通过不同抽样方式抽取的样本，对总体样本的代表性不同。以概率抽样为例，分层抽样的抽样误差最小，其次是系统抽样的抽样误差，再次是简单随机抽样的抽样误差，整群抽样的抽样误差最大。

3. 抽样误差的控制措施

（1）增加抽样的数目。抽样数目越多，样本分布越接近总体分布，所得结果越精确，因此为了减小抽样误差，可适当增加抽样的数目，但也要注意因抽样数目增加而额外产生的成本，应把握好二者之间的平衡。

（2）选择合适的抽样调查方式。不同的调研目标，对应着不同的抽样调查方式。每种抽样调查方式都有各自的适用情况，因此只要符合情况且成本允许，优先选择抽样误差最小的抽样方式。例如，样本差异很大且样本之间按照某一属性分层比较明显时，优先选择分层抽样方式。

（3）选择合适的抽样方法。如果各次抽样调查之间是不独立的，则选择抽样误差较小的不重复抽样方法。

7.2　抽样设计的基本方法

抽样设计包括 6 个步骤：定义抽样总体、确定抽样框架、确定抽样单位、确定抽样方法、确定样本量以及实施抽样过程。各步骤与步骤之间密切相关，环环相扣，须严格按顺序执行。

7.2.1　定义抽样总体

抽样设计的第一步，就是要定义抽样总体。抽样总体是指拥有调研人员想要获取的数据信息的个体的集合。抽样总体应当从个体、抽样单位、抽样范围和抽样时间四个方面来定义。个体就是指调研对象，它包含调研人员想要寻找的信息。抽样单位指个体或者包含个体的单位。抽样范围包括地理范围和其他各种属性的范围。抽样时间指进行调研的时间。例如，调研 2020 年冬季 A 地区大学生对当地海底捞菜品的态度，并对当地大学生进行抽样。此时，有两种抽样方法。一种是对当地大学生直接进行抽样研究，抽样单位是个体；另一种是以班级为单位，首先对班级进行抽样，然后对该班级所有学生或部分学生进行调查研究，抽样单位是班级。另外，抽样范围是 A 地区，抽样时间是 2020 年冬季。抽样总体的定义要考虑到调研问题、调研目标、调研性质等内容。抽样总体务必要精确定义，不然会导致调研过程混乱、调研结果模糊甚至错误，使得花费时间和精力策划和实施的调研失去价值。

7.2.2　确定抽样框架

抽样设计的第二步，是要确定抽样框架。抽样框架是指为了确定样本总体的范围、结构和分布，所选择的能够代表样本总体的部分或全部样本的集合。抽样单位便是在抽样框架中产生的。由于某些原因，无法对全部样本进行完整记录，这时便要利用抽样框架来进行调查，如微信群组名单、员工名册、登记表、地图等。完美的抽样框架是样本总体中的每一个样本均在抽样框架中出现一次且仅出现一次。但是在现实中，这种抽样框架很不常见。当抽样框架不能包含样本总体时，便会产生抽样框架误差。抽样框架误差的大小取决于抽样框架中的样本与样本总体中未包含在抽样框架中的样本之间的差异的大小，差异越大，误差越大，差异越小，误差越小。抽样框架误差可能是由全部样本不能都包含在抽样框架中引起的，如有些同学没有选课，所以用选课名单作抽样框架时，有些同学的名字不在其中，但也可能是由样本的流动性导致的。如有些同学转出了数学专业，有些同学转进了数学专业，但数学专业名单没有及时更新，用原名单做抽样框架时，依旧会与实际情况有出入。因此，调研人员在采用历史抽样框架时，需根据实际情况及客观条件，酌情考虑是否需要更新抽样框架。

7.2.3 确定抽样单位

抽样单位既可以是个人，也可以是包含个人的家庭、班级、部门、团队等集体。例如，如果对在某公司工作 5 年以上的员工进行调研，可以直接对在该公司工作 5 年以上的员工进行抽样调查，也可以首先对各部门进行抽样，然后对该部门的所有或部分工作 5 年以上的员工进行调研。至于选择何种抽样单位，取决于调研目标和抽样框架的特征。

7.2.4 确定抽样方法

这一阶段主要确定采用何种抽样方法，是重复抽样还是不重复抽样，是固定抽样还是顺序抽样，是概率抽样还是非概率抽样。如果选择概率抽样，是简单随机抽样、系统抽样、分层抽样还是整群抽样；如果选择非概率抽样，是方便抽样、判断抽样、配额抽样还是滚雪球抽样。每种抽样方式的优缺点、适用情况，前文已经概述，在此不做过多说明。因此，需要根据实际情况正确选择抽样方法。

7.2.5 确定样本量

样本量是指在抽样调查中所要抽取的样本总个数。样本量的大小取决于调研对结论准确性的要求、调研的性质以及可用资源的数量。调研人员通常需要根据主观判断、既往经验，并利用数理统计的方法确定样本量。理论上来讲，样本量越多，样本结构越接近总体结构，但是当样本量达到一定数量时，抽样成本会大幅增加，结果的精确度增加却甚微。而任何研究都会受到可利用的资源的限制，能够投入的人力、物力、财力是有限的，因此不能为了提高结果精确度而无限增加资源投入，需要根据现有条件和相关要求仔细计算样本量，必要时可借助相关软件进行分析。非概率抽样的样本量确定较为容易，因为抽样误差和结果的精确度不能提前估算，但是概率抽样的样本量确定比较复杂，需要综合多维因素来确定。

7.2.6 实施抽样过程

这是抽样设计的最后一步，前面的步骤已经为如何确定抽样总体、抽样框架、抽样单位、抽样方法以及样本量做出了决策，最后要将这些决策付诸行动，按要求实施。同时，在实施抽样过程之前，应根据既往经验对一些意外状况进行预测。例如，当某一调研对象不配合回答问题该怎么办？应给出解决对策，以保证抽样过程顺利实施。在实施抽样过程时，每完成一步便需要对该步进行检查和评价，不断纠正偏差，调整不科学、不合理的地方，以保证其准确无误，不影响下一步骤的实施。在抽样过程结束时，调研人员需要详细地记录数据资料并交给主管人员核实和复查。主管人员需再次抽查一定数目的调研对象，包括其是否接受过调研、资料记录的内容是否属实、有无调研人员理解错误的情况等。确保调研的数据资料准确无误后，再对资料进行数据分析，以保证研究结果的准确性，最大限度降低非抽样误差。整个抽样设计方案实施结束后，还应对实施过程进行回顾和分析，总结做得出色的地方以备下次借鉴，以及总结有待改进的地方以备下次提高。

抽样设计的步骤如图 7 - 1 所示：

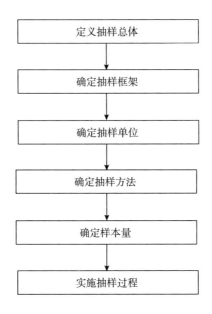

图 7 - 1　抽样设计步骤

❓思 考 题

1. 简述总体指标和样本指标。

2. 简述简单随机抽样、系统抽样、分层抽样和整群抽样的优缺点及各自的适用条件。

3. 简述抽样设计的步骤。

4. 请列出以下情形适用的抽样框架。

（1）上一季度光顾北京东来顺（王府井店）的所有顾客。

（2）文具百货商店。

（3）某小学六年级上学期的期中考试语文成绩。

第8章　调研资料的整理与分析

学 习 目 标

了解：资料整理的目的和步骤、多元统计的主要方法及用途

理解：明确理论分析的基本作用、调研报告的基本结构

掌握：调研报告的写作方法

　引　例

全聚德经营亏损，北京烤鸭路在何方？

2021 年 1 月 29 日，全聚德公告 2020 年净利润亏损约为 2.4 亿元，上市 14 年的全聚德面临着前所未有的考验。业绩的下滑不排除新冠肺炎疫情的原因，但业内人士都知道，今日的疲态早在几年前就已经显现。老字号、传统美食、曾经的金字招牌为何不灵光了？北京烤鸭这一品类又将去向何方？

中国著名营销策划及招商实战专家、广州转折点企业管理有限公司CEO陶海翔认为，与天津的狗不理包子一样，这些老字号最鼎盛的时代已经过去了，红利在逐步稀释和消退。在早些年，市场竞争还不够充分，餐饮小吃的品牌化发展处于初级阶段。北京烤鸭、天津狗不理包子等凭借天然光环和普通的大众小吃形成了巨大的差异，人们以吃到这样的美食为骄傲和光荣，是中国较早的美食打卡圣地。传统品类和老字号有天然的优势，用心做是有希望的，这方面的案例也不少。但前提是彻底打破固有的认知，把自己的身段放下来，回归到餐饮的本源。价格高也不是不可以，但需要有更多的理由和卖点做支撑，如更贴心的服务、更有品质的食材、更符合现代人审美的环境。通过创新重新激活老字号，才有可能维持高溢价，不然消费者不就成了被割的韭菜？

北京烤鸭有很多受众群体，所以近些年来不少中餐厅都引进了这一菜品，有些就直接叫某某烤鸭餐厅，与全聚德正面抗衡，通过更实惠的价格、更好的用户体验去抢占市场。当然，还有一些品牌就更具创新思维了，直接把北京烤鸭开到了老百姓的家门口，用小店的模式让消费者品尝到地道的北京烤鸭。陶海翔表示对这种模式很看好。

其中有一家代表性的品牌，名叫枣木牌北京烤鸭，创始人是黄希荣女士，据悉其烤鸭是家传的手艺。她看到普通老百姓吃一顿烤鸭很不容易，家常美味硬是搞成了奢侈品，最终决定到长沙这个南方城市去创业，将烤制工艺完美地复制到了小型门店。60平方米的街铺，3~4个员工即可经营。

经过反复的调试与打磨，枣木牌北京烤鸭在长沙受到了消费者热捧，被誉为长沙更受欢迎的外带烤鸭。为了保证每一只烤鸭正宗的口感，他们选用的鸭子是来自梨园生态养殖基地，口感更纯正、更营养的樱桃谷鸭。鸭坯选取更是达到 20:1 的严格标准，在凉坯柜中要吹凉足足十个小时。这样操作后，鸭坯通体会呈现黄色，肉质紧实，脆嫩美味。

专业的烤鸭大师傅能从一只烤鸭身上片下 88 ~ 108 片、厚度不超过 3mm 的鸭肉。再蘸上秘制甜面酱，加上新鲜黄瓜条、嫩白葱丝，裹上手工荷叶饼，此情此景，消费者早就流口水了。除了传统烤鸭，门店还研制出更受年轻人欢迎的秘制香酥椒盐鸭架。片去鸭肉的鸭架放入锅中炸成金黄色，撒上秘制椒盐粉，就变成了可以边走边吃的美味小吃。"外带 + 外卖 + 少量堂食"构成了三位一体的经营模式，创始人执着的产品品质要求让枣木牌北京烤鸭在长沙彻底火了起来。

新零售背景下的每一个餐饮品类都可以重做一遍。

烤鸭从大店走向小店，客单价从几百元到几十元，是一种降级的打法，也是对烤鸭这一品类的重构。之前市场上要么是全聚德这样的大佬，让人望而生畏，要么是街边档口已经走了形的烤鸭，完全没有北京烤鸭的品质和感觉。降级的打法不是降品质，而是把运营模式变轻，把渠道变得更灵活，把经营方式变得更亲民。

从烤制方式这个环节来看，枣木牌北京烤鸭就把控得很严格，他们采用的是正宗北京挂炉烤鸭。挂炉烤鸭和普通的焖炉烤鸭相比，并不安炉门，烤后的鸭子更加皮脆肉嫩。整个店铺整洁明亮，操作空间清晰可见，价格设置也相当合理。

另外，店面还推出了礼盒装，这种设计在某种程度上切入了随手礼的品类，非常符合现代人的心理。以前人们串门都喜欢去超市买个礼盒，但这些礼盒根本没有人吃。现代人的交往趋于简单化，礼品不用搞得太复杂。枣木牌北京烤鸭的礼盒装就很应景。大方，漂亮，关键是拿进去就可以现场分享，很多消费者反馈这样的感觉很好。甚至一些企事业单位也发起了团购，店面时常会接到一些几百盒的大单。

单店模型的成功为全国连锁打下了良好的基础。陶海翔主导策划了众多优质的连锁品牌，特别是他倡导的精准招商理论能帮助企业高效拓展渠道，提升品牌价值和市场占有率。他认为品牌找到匹配的加盟商互相赋能是发展的关键点，发展不能急于一时，更不能盲目选择合作伙伴。枣木牌北京烤鸭在长沙夯实了根据地市场，接下来要攻克的是战略市场。战略市场是要有引领作用的，是关键战役和里程碑计划。最终，枣木牌北京烤鸭选取的是杭州和成都这两个新一线城市，全国市场的布局已经全面打响。

新零售背景下的餐饮企业经历了更多的考验，也获得了更多的机会。品牌创始人要有重做一遍的勇气和智慧。物质极大富裕的今天想再造一个品类很难，但进行合理的重新组合，空间转换则有很大的机会。以全聚德为代表的北京烤鸭已经出现疲态，希望它们能彻底打破思维的桎梏，重新审视市场和消费者，找到重生之路。我们也希望枣木牌北京烤鸭这样的创新品牌能够越做越好。

资料来源：陶海翔. 全聚德经营亏损，北京烤鸭路在何方？［EB/OL］.［2021－03－11］. https：digitaling. com/articles/417018. html.

讨论与思考：

试结合本案例，说明资料分析的意义是什么？

8.1　调研资料的整理与录入

8.1.1　整理调研资料的目的

调研工作完成之后，需要根据调研目标和要求，利用科学的方法对调研资料进行整理、检验、完善和分类，从而使其更加系统化、科学化、条理化和专业化，便于日后的分析，保证调研结果的准确性以及整个调研工作的质量。如果调研资料整理出现了问题，调研工作就会功亏一篑，一切投入都失去了意义。因此，整理调研资料是不可或缺的一个环节。具体来说，调研资料整理有以下目的。

（1）调研资料整理可以给资料分类，便于调研人员对资料形成初步的了解。调研过程中，由于各个资料取得的时间不同，取得的渠道也不同，因此收集到的资料通常是分散的、零乱的。通过将资料分类，可以使资料的特征清晰地反映出来，内容与内容之间也更加具有逻辑性，便于进一步检查。分类可以按数量分，即以数量为标准将全部资料划分成多个部分，如按工作年限对员工进行分类；也可以按属性分，即以某种属性为标准划分全部资料，如按专业将学生分类。

（2）调研资料整理可以通过检查使资料更加准确。刚收集到的资料通常不是完美的，可能有错误、遗漏、重复的情况，这时需要通过对资料进行核查检验，以去粗取精、去伪存真，提炼出最简洁、最准确的资料，既能提高数据分析的效率，又能保证调研结果的效度。错误的调研信息会误导调研方向，导致调研结论出现偏差甚至完全相悖，因此可以通过抽查调研对象，确保信息被准确无误地理解，以及通过比对、分析，筛选掉明显不符合常理以及自相矛盾的信息。对于遗漏的信息，可采用复查、推断等方式尽可能将其补充完整。对于重复的信息，择优留下一个最全面的信息，以减少数据分析的工作量。

（3）调研资料整理可以使资料长久保存。调研资料不仅可以用于本次分析和研究，而且再有类似研究时，也可以作为参考。如不进行仔细梳理，以后再浏览时会遗忘很多细节，也会没有头绪。此外，调研资料在很长一段时间内都可以为每次调研发挥作用，而且随着时间的推移，调研资料会不断被推敲和完善，并继续保留和传递。所以，越是时间久远的资料，其被检验和修订的次数就越多，也就越有参考价值。因此，为了方便未来的研究，每一次都应该仔细梳理资料。

8.1.2　整理调研资料的流程

整理调研资料有 6 个流程：检查和修正，分类、复检和筛选，信息编码，资料录入，数据预处理以及确定分析方法。

1. 检查和修正

资料不是在整个调研过程结束的时候才开始产生的，调研人员在调研过程中，资料便不断地出现。因此对资料的初步处理，在调研未结束时就开始了。这时主要检查所获资料的完整性以及反思这一阶段出现的问题。如果发现资料不完整、逻辑不连贯，应及时处理，可再次追问调研对象，请他们补充遗漏的调研点，或对调研问题做进一步解答，力求使每一个问题答案都详细完整。另外，要不断总结出现的问题，包括内容、原因、解决对策等，避免同样的问题在接下来的调研中再次出现。

2. 分类、复检和筛选

当整个调研过程结束之后，要对所收集的全部资料进行整理。首先进行分类，使资料更加系统和有条理，便于进一步处理。然后对资料进行复检，可采用初步一致性检验的方法，识别出模棱两可、自相矛盾、明显与事实不符的回答。如一名被访者在第一道题回答自己没去过日本，但在第五题却讲述自己在东京留学的经历。面对这样的情况，可就矛盾点对调研对象再次进行询问，以找出准确的答案。如果调研对象没有很好地配合，可以对该答案做缺失值处理，或者直接舍弃这份有问题的回答。筛选则是处理掉不符合要求的回答之后，留下所有有效的回答。

3. 信息编码

编码是指为了提高信息录入的效率，将文字转换成计算机可识别的语言（如数字）的过程。在同一个问题中，每个编码仅对应一种答案，代表了调研对象的态度。通过编码，大量的信息文件转换为精简的代码，从而将清晰的调研结果呈现给调研人员。结构化问题的编码较为容易，因为一个选项即对应一个数字代码，调研对象将问题回答完之后，编码也随即完成。比如，调研"您的学历"，则高中及以下编码为1，大学专科为2，大学本科为3，硕士及以上为4，缺失值为9。但是对于非结构化问题，编码难度则较大，需要调研人员对主观性答案进行理解及分析，然后按某一属性归类，最后对各个类别进行编码。由于非结构化问题主观性较强，因此编码时可能会出现误差。

4. 资料录入

信息编码工作结束之后，便需要将这些代码录入计算机中。除了可以通过键盘录入代码外，还可以通过光学扫描等方式录入。另外，随着技术的发展，如今还可以实现自动录入。比如，通过互联网发放问卷，调研对象填写完毕后，结构化问题的答案可直接录入计算机中。此外，一些软件也可以直接将全部数据导入另一个软件中。比如，可将 Excel 中的数据导入 SPSS 中，每个调研对象的数据占一行，每个变量占一列。这大大提高了录入的效率，也节省了调研人员的时间和精力。

5. 数据预处理

将数据录入计算机之后，在数据分析之前，需要对数据进行预处理。数据预处理包括一致性检验、缺失值处理、加权处理以及创造新变量等。一致性检验是指在给定的显著性水平下，判断各均值或各方差之间是否存在显著性差异，若不存在显著性差异，则一致性检验通过，反之则不通过。缺失值处理包括删除存在缺失值的个案和对缺失值进行插补。加权处理是对样本进行校正。创造新变量是根据原有变量或变量值生成新变量，从而避开未经处理的数据。

6. 确定分析方法

调研人员需要根据调研中采集的数据内容、数据的已知特征，以及调研人员自身的能力（如专业能力、实践能力、经验等）选择合适的数据分析方法。数据分析的过程，将在下节讲述。

调研资料整理的流程如图 8 – 1 所示。

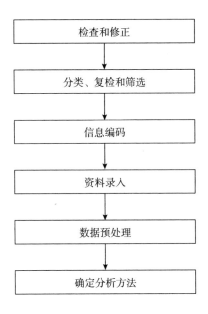

图 8 – 1　调研资料整理流程

8.2 调研资料的分析

8.2.1 调研资料分析的意义

将调研资料整理好之后，需要利用统计学等方法对其进行分析，以揭示变量之间的关系。资料只有经过正确的分析，才能发挥出价值，实现调研目标。调研资料分析的意义有以下几点。

（1）萃取出简单信息。由于调研的样本量众多，所获得的信息是相当庞大的，无法对每一样本的信息逐条进行查阅。因此，将数据资料整理好后，通过数据分析可以从庞大的样本信息中萃取出有意义的、精练的信息，以供调研人员参考和研究。例如，一项关于消费者对某产品忠诚度的研究，调查样本有 5000 人，信息包括性别、年龄、学历、月支出、该产品的复购次数等。海量信息不可能逐一罗列，这时借助数据分析的方法，便可将信息凝练成性别占比、总体年龄分布、学历分布、平均复购次数等内容，清晰地反馈给调研人员，以便做下一步处理。

（2）通过数据分析可以发现各变量之间的关系及作用机制。研究者面对收集来的数据，不做分析无法判断数据之间的关联以及规律。因此，当提出一个假设时，需要利用数据来做实证分析，从而验证因果关系、中介效应以及调节效应，以得出结论，提出新观点。

例如，一项关于广告投放量与销售收入之间关系的研究，引入顾客感受做中介变量、顾客性格做调节变量，可通过收集关于广告投放量、销售收入、顾客感受、顾客性格的数据，对其做回归分析。

8.2.2　调研资料分析的原则

调研资料分析时需要遵守一定的原则，以保证资料被正确地、合理地利用，得出准确、客观的调研结果。资料分析的原则具体有以下三条。

1. 公平性原则

对于收集来的资料要平等看待，客观分析。不能为了达到预想的结果而篡改、歪曲、舍弃、编造资料，分析时也不能带有主观倾向性。要基于现有的资料，根据预定的标准，严格按照规则来分析，一切以事实为依据。只有经过精心检查论证后，确实不符合、不合理的数据才应舍弃。另外，多个调研人员分析数据时，可能见仁见智，这时要充分考虑每个调研人员的观点，分析各种观点所占比重，不能忽视少数人所提的意见。因此，分析调研资料时，对数据要公平，对人员要公平。

2. 规范性原则

分析调研资料一定要讲究规范性原则。分析思路要规范，分析前需要在头脑里形成一个清晰的逻辑，不能不经思考直接上手操作。分析过程要规范，不能打乱步骤，要严格按照科学的流程逐步进行，并且在操作时要遵守相关要求，严谨仔细、有条不紊地分析调研资料。分析方法要规范，要根据调研的目标和要求选择合适的数据分析方法。如果不遵守规范性原则，数据分析过程中可能会频频出现障碍，不能顺利进行，最终导致调研结果出现差错。

3. 效用原则

数据分析一定要遵守效用原则，因为任何调研所能调动的人力、物力、财力资源都是有限的，因此调研在保证结果准确度的基础上，一定要尽可能节约资源。调研方法不是越复杂越好，只要能得出结论，能论证观点，优先选择简单的调研方式。但也不要一味地仅节约资源而不考虑效果，面对已经获得的调研资料，在现有条件制约下，要选择最好的技术手段进行分析，以充分利用数据，使其发挥出最大的价值，得出最准确的调研结论。因此，效用原则对数据分析来说是非常重要的。

8.2.3 调研资料分析

（一）描述性统计

对于收集到的众多数据，需要借助数学的方法概括出整体特征、分布情况以及各变量之间的关系。描述性统计则是通过对总体的概括和阐释，使调研人员对该组数据有初步的了解。比如，评价一家餐厅，有食材、口味、环境、上菜速度和服务质量五个指标，每个指标的评分均不相同，这时需要通过描述性统计来对该餐厅进行综合点评。描述性统计包括集中趋势分析和离散趋势分析。

（1）集中趋势分析是研究数据向中心集中的倾向，指标包括平均数、中位数和众数。平均数包括算数平均和加权平均。算数平均是所有数据之和除以数据的个数；加权平均是每个数据乘以各自的权重再相加，然后除以数据的个数。中位数是将一组数据按大小排列后处于最中间位置的数，可以反映出这组数据的中间水平，但不能代表总体情况。众数是一组数据中出现次数最多的数。众数不具有唯一性，一组数据中可能存在一个众数，可能不存在众数，也可能存在多个众数。

（2）离散趋势分析是研究数据的离散程度，指标包括方差、标准差和极差。方差是将各数值与算术平均值之差的平方相加，然后除以数值个数。标准差是方差的算数平方根。方差和标准差可以反映数据的离散程度，方差和标准差越大，数据的离散程度越大，反之则越小。级差是数据最大值与最小值之间的差值。级差由于单位不同，不能用来相互比较，但是它可以反映数据可能的最大变动范围。

（二）推断统计

当描述完样本的特征之后，还需要对样本特征进行推断，如对样本的分布函数、概率密度以及均值方差的参数进行推断。例如，餐厅中午就餐人数呈正态分布，但是该正态分布的具体参数需要进行统计推断。推断统计包括参数估计和假设检验。

1. 参数估计

参数估计包括点估计和区间估计。点估计直接用样本统计量估计总体统计量。点估计操作简单，但产生的误差比较大，而且无法计算出误差。区间估计则是在点估计的基础上，根据调研对精确度的需求，以点估计值加减误差为上下界所构造的区间。它反映了在某一概率水平下参数的取值范围。置信区间的大小取决于调研人员的置信度，置信度越高，置信区间越大；置信度越低，置信区间越小。由于区间估计所推断的是参数的取值范围，因此误差相对较小，但是参数估计忽视了小概率事件发生的情况。

在营销调研的工作中，当我们确定抽样设计的理念和方法之后，需要进一步根据样本的数据信息，对样本的总体分布情况进行统计推断，也就意味着需要对数据进行统计检验分析。营销调研的目的是通过获取解决问题需要的信息，并通过对信息的整理和分析（包括数据的分析）处理，为管理和营销决策提供有力的支持。营销研究者在获取样本数据之后，需要使用统计分析方法对数据进行多变量数据分析，包括回归分析、聚类分析、因子分析和方差分析等多方面的统计分析。根据数据分析得出的结论，可为企业的管理和营销提供数据决策支持。

2. 假设检验

假设检验是指在总体分布未知或已知总体分布但不知其参数的情况下，为了推断总体的某些性质，先对总体提出某项假设，然后利用从总体中抽样所得的样本值来检验所提的假设是否正确，从而作出接受或拒绝假设的决策的方法。比如，研究者先假设一个总体对某些商品的平均花销额为 800 元，然后根据样本的均值来提问：我们原来的假设正确吗？

（1）统计显著性

统计推断最根本的目的是从抽样调查的结果中归纳出总体特征。统计推断的信条是：在数学意义上，不同的数字在统计学意义上可能并无显著的不同。那么，统计显著性是什么含义呢？它指的是，如果一个差分大到不可能是由于偶然因素或抽样误差引起的，那么这个差分在统计意义上就是显著的。但是，在统计意义上证明是有显著性的差分，在管理上不一定有实际意义。例如，某企业调查显示，员工满意度从上一个月的 70% 上升到一个月后的 75%。统计检验证明两者之间有显著性差异，这说明企业对员工的服务水平提升了。但是，当我们分析如何完善企业，才能提升员工的满意度时，这种差别却是有意义的。

（2）研究假设与假设检验

研究假设的目的是保证运用调研获取的数据资料信息能够满足研究者研究的目标。那么，研究目标确立之后，就需要针对市场中出现的情况形成合理的假设。例如，某企业在分析上一年度的销售额显著增加时，可以得出以下几点：

① 企业拓展了新的产品品类，由于新产品带来新的客户，引起了公司销售额的增加。

② 由于新冠肺炎疫情，导致部分竞争者的倒闭和转移，使得竞争者的客户转向购买本企业的产品，导致本企业的上一年度销售额增加。

③ 国家实施了有效的拉动内需政策，因而导致了企业的产品获得了更好的销售。

以上是对上一年度企业的销售额增加所提出的几种假设，也是对"为什么上一年度企业的销售额得到显著增加"这一研究目标的推测。而这些假设是否正确，需要进一步进行假设检验。一旦假设被验证，说明该推断可能适用于企业接下来的决策。如果仅仅是偶然现象，就需要企业对现有的营销决策进行适当调整，从而保证企业的销售额持续增加。

那么，假设的提出不是凭空想象的，需要在市场调研的基础上，通过对研究资料的初步分析得出结论。假设可以是对研究资料的陈述性假设，也可以是用户阐述某次行动的不同方案。例如，某企业开发一种无人机，需要对市场需求进行调查分析，并确定目标市场，提出以下假设：

① 着眼于批量生产，开发适用于各类人群的无人机，实施无差异营销策略；

② 针对儿童和少年使用的安全型无人机，使用差异性营销策略；

③ 针对在校大学生所研发的趣味性、高技术无人机，采用集中性营销策略。

在假设检验中，我们对总体参数所作的尝试性假设称为原假设，记为 H0；然后，定义一个与原假设的内容完全相反的假设，记为 H1，称为备选假设。那么在假设检验的过程中，需要通过可靠的数据证据来证实，哪一种假设才是真实可靠的。

（3）假设检验的基本原理

假设检验的基本原理就在于，利用样本值对一个具体的假设进行检验，即发生概率很小的随机事件在一次试验中几乎不可能发生。如果小概率事件在一次试验中发生了，则需要怀疑原假设的真实性，从而拒绝原假设。

例如，某商场采用摸奖游戏来进行促销，并规定购买一定量的顾客有从白、黑两种球各 10 个的纸箱中摸奖一次的机会，若够条件连续摸 10 次（摸后放回）且 10 次摸到的都是白球的顾客可以中大奖。从假设检验的基本原理出发，10 次连续摸到白球会引起商店怀疑。因为，如果摸球的过程完全随机进行，那么 10 次连续摸到白球的概率是 $(1/2)^{10} = 1/1024$，概率非常的小，几乎不可能在现实中发生。

（4）假设检验的类型

① 检验研究中的假设。形式可以表现为：

H0：$u > u0$；H1：$u \leqslant u0$

在某些研究中，拒绝 H0 将得出支持研究的结论并可以采取研究行动。因此，在建立原假设和备选假设时，研究中所用的假设将表达为备选假设。

② 决策中的假设检验。其形式表现为：

H0：$u = u0$；H1：$u \neq u0$

在这种情况下，我们看到如果拒绝 H0，则必须采取某种措施。

例如，某企业刚刚收到一批木材，质量监控人员必须决定是否接受。假定要求这批货物的长度为 3 米，如果木材的长度不足或超过 3 米，则认为没有达到要求，不能接受。如果拒绝 H0 则必须采取某种措施，即不接受这批木材。

（5）假设检验的步骤

① 根据实际情况提出原假设和备选假设。例如，某无人机生产企业认为产品购买者的平均年龄为 25 岁。为了检验这个假设，在抽样调查统计时，随机选择 500 名顾客进行调查，则原假设和备选假设表示如下：

原假设 H0：购买者平均年龄 = 25 岁；

备选假设 H1：购买者平均年龄 ≠ 25 岁。

② 选择适当的检验统计量。分析人员必须根据调查对象特征选择适当的统计检验方法。

③ 确定判定规则。抽样调查结果与总体参数完全相等的情况几乎是不可能发生的。关键是，如果统计假设正确，实际样本平均数与假设平均数之间的统计离差是否会在 100 例中出现 5 例（a 为 0.05），则需要一个判定规则或标准来决定是否拒绝原假设。

显著水平 a 在选择原假设和备选假设的过程中很重要。显著水平是判定原假设可以被接受的一种被认为很低的不合理事件发生的概率，a 的取值可以是 0.01，0.05 或者 0.001。如果决定检验一项显著水平为 0.01 的假设，那么这种事件发生的概率就是 1%。如果这种小概率事件发生了，我们就拒绝原假设。对原假设的拒绝就意味着认同备选假设。

④ 计算统计检验量。在这个步骤中需要注意：运用适当的公式来计算统计检验值。比较计算得到的统计量值与根据判定规则得到的严格统计量值。通过比较，得出是否拒绝原假设 H0 的结论。

3. 回归分析

回归分析是用来分析自变量和因变量之间关系的一种重要统计分析方法，包括了一元回归分析方法和多元回归分析方法。其中，一元回归分析方法，指的是一个变量对另一个变量产生影响的回归分析，前一个变量是自变量，后一个变量是因变量。多元回归分析方法，指的是多个自变量对因变量产生影响的回归分析方法。我们使用 SPSS24.0 软件进行回归分析时，将样本数据以 Excel 的文件形式，导入 SPSS 软件中。打开数据之后，选择"分析"—"回归分析"—"线性"，将解释变量放入自变量模块中，将被解释的变量放入因变量模块中，选中 R^2、F 值。点击"确定"，即可得到回归分析的结果。如果是多元回归分析，需要将多个解释变量都放到自变量模块中，将被解释的变量放入因变量模块中。再点击"确定"，得到多元回归分析的结果。

R^2 指的是回归方程的确定性系数，表述了在回归方程中变量 X 对 Y 的解释程度。一般地，R^2 取值在 0 到 1 之间，当 R^2 取值越接近于 0，表示方程中 X 对 Y 的解释力度越弱，如果 R^2 取值越接近于 1，表示方程中 X 对 Y 的解释力度越好。F 检验通常表示回归方程的 X 对 Y 的线性关系是否显著。一般地，F 检验的显著性水平在 0.05 以上，回归方程才有意义。当 F 检验显著时，表明在 Y 的回归方程中，至少有一个变量对它的影响是显著的，即至少有一个回归系数能够显著，需要通过进一步的回归系数和 $Sig.$ 检验来确定是哪一个变量对 Y 产生了显著影响。

回归分析的目的，就是研究自变量与因变量之间的因果关系，通过建立回归分析模型，根据实证分析的数据结果，分析和发现数据的拟合情况，以解释和验证自变量对因变量的影响关系。

例如，研究购物环境对顾客重购意向的因果影响关系。从实践上来看，购物环境是可能影响到顾客的重购意向的。但是需要通过数据来进一步验证，购物环境对顾客重购意向的影响。因此，设顾客重购意向为因变量，记为 Y；购物环境为自变量，记为 X。通常我们可以建立以下的线性影响关系：

$$Y = A + BX + \S$$

式中：A 和 B 为被测参数，A 为回归直线的截距；B 为回归直线的斜率，表示 X 变化一个单位时，Y 的标准化变化情况；$\S$ 为依赖于用户重购意向的随机误差项。

研究的经验回归方程为：

$$y = 0.765 + 0.736x$$

回归直线在 y 轴上的截距为 0.765、斜率 0.736，即购物环境每提高 1，顾客重复购买意向就提高 0.736；或者说购物环境每提高 1 分，对顾客购买意向的贡献是 0.736 分。

以某超市的顾客重复购买意向和相关自变量的线性回归分析来进一步说明线性回归的重要应用。在实践中，顾客的重复购买意向，与超市的购物环境、服务人员服务态度、超市品类丰富性、超市价格等因素相关，因此，顾客重复购买意向在整个回归模型中，可以作为因变量，而超市购物环境、服务人员服务态度、超市品类丰富性、超市价格可以作为自变量，进行多元线性回归分析。通过回归分析，得到以下的回归方程：

顾客重复购买意向 $= 0.325 \times$ 超市购物环境 $+ 0.425 \times$ 服务人员

服务态度 +0.440×超市品类丰富性 +0.230×超市价格

　　那么，对于该超市来说，超市品类丰富性对顾客重复购买意向的贡献度比较大，超市品类丰富性每增加 1 分，顾客重复购买意向提高 0.440 分；其次是服务人员服务态度，服务人员服务态度每提高 1 分，顾客重复购买意向将提高 0.425 分；再次是超市购物环境，超市购物环境每提高 1 分，顾客重复购买意向将提高 0.325 分；最后是超市价格，超市价格每提高 1 分，顾客重复购买意向将提高 0.230 分。这表明超市品类丰富性是顾客重复购买意向的首要影响因素，其次是服务人员服务态度，再次是超市购物环境，最后是超市价格。

　　R^2 是回归方程的决定系数，表示该回归模型能够解释百分之多少这个因变量。$sig.$ 是衡量回归结果显著性的指标，它能够衡量自变量是否对因变量产生显著影响。如果分析结果中，$sig.$ 是 0.000，说明在 0.01 的水平上该回归模型显著，回归方程具有统计学意义，即模型中的自变量对该因变量产生了积极显著的影响。$sig.$ 值表示不同的自变量在回归方程中是否与因变量具有线性回归关系，$sig.$ 越大，自变量对因变量的影响就可能越不明显，当 $sig.$ 值 > 0.05，就表示该自变量对该因变量没有积极显著的影响。

　　在 SPSS 中进行以下的操作，就可以进行多元回归分析。

　　在桌面点击打开 SPSS24.0 软件，点击"文件"—"打开"—"数据"，导入预先准备好的 Excel 格式数据，然后点击"分析"—"回归"—"线性"，就会出现如图 8-2 所示的对话框。

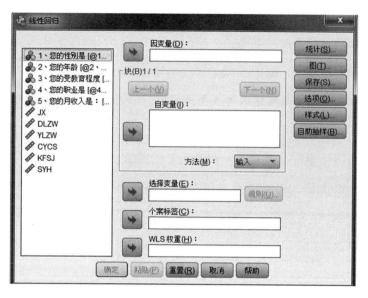

图 8 - 2　多元线性回归分析对话框

　　然后将自变量惊喜（*JX*）、独立型自我（*DLZW*）、依赖型自我（*YLZW*）导入自变量选框中，将因变量顾客参与创意产生（*CYCS*）导入因变量选框中，在右边的栏中点击"统计"，选择 R^2，点击"继续"；选择直方图，点击"继续"。然后点击"确定"，得到表 8 - 1 ~ 表 8 - 3 的数据分析结果。

表 8 - 1　回归分析 R^2 结果

模型摘要								
模型	R	R^2	调整后 R^2	标准估算的误差	更改统计			
					R^2 变化量	F 变化量	自由度 1	自由度 2	显著性 F 变化量
1	0.587	0.344	0.335	0.55610	0.344	36.888	3	211	0.000

注：因变量为 *CYCS*；自变量为 *JX*，*DLZW*，*YLZW*。

表 8 – 2　回归分析 *F* 值分析结果

ANOVA					
模型		平方和	自由度	均方	*F*	显著性
1	回归	34.223	3	11.408	36.888	0.000
	残差	65.252	211	0.309		
	总计	99.475	214			

注：因变量为 *CYCS*；自变量为 *JX*，*DLZW*，*YLZW*。

表 8 – 3　回归分析标准化系数和显著性结果

系数						
模型		未标准化系数		标准化系数	*t*	显著性
		B	标准误差	*Beta*		
1	（常量）	2.141	0.313		6.842	0.000
	JX	0.266	0.050	0.325	5.327	0.000
	DLZW	0.213	0.049	0.257	4.339	0.000
	YLZW	0.177	0.049	0.216	3.593	0.000

注：因变量为 *CYCS*；自变量为 *JX*，*DLZW*，*YLZW*。

$R = 0.587$，表明回归分析的决定系数处于可接受的范围。从表 8 – 3 中可以看出，自变量分别为 *JX*、*DLZW*、*YLZW*，因变量为 *CYCS*。标准化系数 *Beta* 分别为 0.325、0.257、0.216，显著性均为 $0.000 < 0.05$，表明自变量 *JX*、*DLZW*、*YLZW* 均对因变量 *CYCS* 具有显著的正向影响。即多元回归分析的结果得到验证。回归方程为：

$$CYCS = 0.325JX + 0.257DLZW + 0.216YLZW$$

4. 聚类分析

在美国拥有 300 多家零售店的哈根达斯公司想进一步扩大其顾客群，目的在于找出可以产生更多销售额的潜在消费者。为此，该公司采取地理人口学的研究方法，即将消费者按照地理、人口和生活方式进行聚类。为了描述哈根达斯使用者的人口和心理特征，包括购买频率、购买时间和其他产品使用产量，调研人员进行了原始研究，获取了调研对象的邮编和地址，然后根据 Claritas 公司开发的方法将调研对象分配到 40 个地理人口群。对于每个地理人口群，将哈根达斯的顾客特征与本群的特征进行比较，以确定市场渗透的程度。利用这种方法，哈根达斯确认了数个有潜力的人群。除了扩大消费者人群，哈根达斯针对新顾客还提出了相应的产品广告。例如，2005 年，哈根达斯推出了新的巧克力冰棍。这是一款很奢侈的产品，由浓浓的巧克力和香草冰激凌构成，外面还包了一层比利时奶油巧克力和核桃。哈根达斯的例子说明了如何使用聚类分析获得同质的细分市场，以便制定具体的营销策略[6]。

聚类分析是为了研究的需要，将调研对象分为比较同质的群组的一种多元统计分析方法。聚类分析可以根据事物的特性将研究对象进行分类，也就是说，可以将一批变量或者样本根据它们之间关系的亲密程度在不知道先验知识的基础上进行分类。聚类分析的原则是，相同类的个体之间相似性大，不同类的个体之间相似性小[1]。

聚类分析在市场营销中的应用很广泛，包括：

①市场细分。例如，可以根据购买产品时追求的利益对消费者进行分类，每组由追求利益相似的消费者构成。

②分析顾客购买者行为。可以运用聚类分析分析同质顾客群，然后进一步研究不同顾客的购买行为，正如购物网站顾客调研项目那样，该项目根据顾客对购物网站不同特征的关注程度聚类。

③识别新产品机会。可以将公司的新产品与市场中具有竞争的产品进行比较，通过聚类分析发现，公司的新产品与哪些竞争产品

属于同质或相似的产品，从而为新产品的上市和推广制定合理的营销策略。

（1）聚类分析的步骤

聚类分析的步骤包括：确定研究问题；选择聚类尺度；选择聚类方法；确定聚类个数；解释聚类群组。

①确定研究问题。确定聚类分析的研究问题的关键是聚类变量的选择。将一两个无关变量包括进来，可能会扭曲原本是有用的聚类结果。原则上所选的变量应该能够描述调研对象与调研问题相关的相似程度。应当根据以往的研究、理论或假设检验的考虑选择变量。进行探索性研究时，调研人员可以根据自己的判断和直觉选择变量。

为了说明聚类分析的步骤，我们以消费者看电影来对消费者进行聚类分析为例。并且确定了 6 个态度变量，然后我们请消费者用 7 级李克特量表表示他们对以下问题的赞同程度（1 = 非常不赞同，7 = 非常赞同）。

A1：看电影是有趣的。

A2：看电影导致消费过多。

A3：我将看电影和外出就餐结合了起来。

A4：我选择电影院时，会选择最优惠的电影院。

A5：我对看电影没有兴趣。

A6：我选择在家里用电脑看电影，以节省更多的钱。

表 8 - 4 提供了 20 个预调查样本的数据。在说明聚类过程时，经常采用小样本。

表8-4 用于聚类分析的态度数据

样本号	态度变量					
	A1	A2	A3	A4	A5	A6
1	7	7	5	7	1	6
2	3	4	5	5	3	7
3	5	6	6	6	2	5
4	4	5	5	5	2	5
5	5	5	5	5	1	5
6	6	6	6	6	4	6
7	4	5	7	5	3	2
8	5	6	5	6	2	5
9	2	5	4	4	6	4
10	5	3	5	5	2	4
11	6	5	6	6	1	3
12	6	6	6	6	2	4
13	7	7	7	7	3	4
14	5	5	5	5	2	5
15	7	7	7	6	3	3
16	5	6	5	6	4	4
17	5	6	6	5	1	2
18	5	6	7	7	2	1
19	5	5	5	5	3	2
20	7	6	7	6	2	2

②选择聚类尺度。聚类尺度是关于样本数据间的亲疏性的度量，通常样本数据间的亲疏程度是用样本间的距离或样本间相关系数来度量的。为了得到样本间的距离，通常可以将每个样本数据看作 K 维空间上面的一个点。相对地，样本之间的距离就是它们对应的 K 维空间上面的点和点的距离，反映了相应样本之间的亲疏程度。那么在聚类分析中，距离较近的样本属于同一类，距离较远的样本属于不同的类。对于不同度量类型的数据可以采用不同的统计量来测量它们的距离，如可以测定连续变量的样本距离测度方法，也可以

测定名义变量的样本亲疏距离方法，包括欧式距离、欧式距离平方、马氏距离等[1]。

③选择聚类方法。聚类分析的方法可以分为非分层聚类法和分层聚类法。其中，分层聚类以产生分层或树状结构为特征，可以分为聚合法和分解法。聚合法，开始时每个对象单独构成一群，不同群逐步聚合在一起，形成越来越大的群，直到所有对象成为同一群的成员。分解法，开始时所有对象同属一群，然后不断分裂直至每一对象单独构成一群。分层聚类法，还可以分为最短距离法、最长距离法和平均距离法。最短距离法，首先将两个距离最短的对象聚合在一起，形成一个小类，然后将第三个对象与这个小类进行聚合，依次类推。最长距离法，以当前某个样本与已经形成的小类的各样本距离中的最大值作为当前样本与该小类之间的距离。平均距离法，是定义两个小类之间的距离为所有样本对之前距离的平均距离。

④确定聚类个数。在分层聚类中，各群合并的距离可以作为确定聚类个数的标准。在非分层聚类中，可以将群内总方差与群间方差的比值和相应的群数制图，折点处就是合适的群数。

⑤解释聚类群组。将很多样本聚类之后，有必要根据类别的属性和类别之间的关系对聚类的类别进行解释和说明。比如，按照人们对巧克力的评价进行聚类，可以聚为三类。其中，第一类（A，B），由巧克力 A 和巧克力 B 组成第一类；第二类（C，D），由巧克力 C 和巧克力 D 组成第二类；第三类（E），由巧克力 E 单独构成第三类。

分成三类后，我们需要根据分类情况对这三类进行解释和说明。经过分析和观察，我们发现消费者对巧克力 A 和巧克力 B 的口味和评价比较差，所以我们将第一类命名为"较差的巧克力"；消费者对巧克力 C 和巧克力 D 的口味和评价都一般，那么可以将第二类命名为"一般的巧克力"；消费者对巧克力 E 的口味和评价都很高，那么可以将第三类巧克力命名为"优质的巧克力"。

（2）聚类分析的 SPSS 具体操作

在聚类分析的 SPSS 的具体操作中，我们还是使用 SPSS24.0 分析软件，打开并导入 Excel 数据后，进行"分析"—"分类"—"K 均值聚类"操作，就得到聚类分析的结果。

5. 因子分析

因子分析是把多个原始变量转换成为少数几个互不相关的综合变量（即因子），以再现原始变量之间的相互关系，同时对变量进行分类的一种多元统计分析方法[1]。

因子分析通常适用于识别解释一组变量之间关系的潜在维度或因子。用一组数量较少的、相互独立的因子代替原始变量，进一步进行多元统计分析，如回归分析。从一大组变量中找出数量较少的一组主要变量，用于进一步的多元统计分析。通过因子分析，还能够从较多的指标值中找到较少的因子，用它们来代表数据的基本结构。例如，电影院的评价指标有 30 个指标，可能反映了影片播放质量、服务员服务质量、电影院环境三个方面，经过因子分析就可能发现反映数据本质特征的三个因子。

因子分析，在市场营销研究中具有非常广泛的应用。例如，市场细分，可以使用因子分析确定顾客细分的潜在变量。产品研究，可以用因子分析确定影响顾客选择的品牌属性。广告研究，可以使用因子分析了解目标市场的媒体选择习惯[6]。

因子分析需要用到的统计分析指标包括：

（1）巴特利特球形检验：用来检验各变量之间是否彼此独立，如果每个变量与其他变量完全相关，则 $R=1$，如果与其他变量完全不相关，则 $R=0$。

（2）相关矩阵：由所分析的全部变量之间的相关系数构成的矩阵，数值越接近 1，表明变量之间的相关性越高。数值越接近于 0，表明变量之间的相关性越低。

（3）公因子方差：某一变量方差中与其他变量共同的部分，就是公因子解释的比例。

（4）因子载荷：表明变量与因子之间的相关系数。

（5）KMO 值：用于检验因子分析是否合适的指标值，0.5～1.0 表示因子分析是合适的，小于 0.5 表示因子分析是不合适的。

在 SPSS24.0 中进行因子分析，因子分析的具体操作步骤主要包括："文件"—"打开"—"数据"，选择"降维"—"因子"，进入因子分析对话框，如图 8-3 所示。

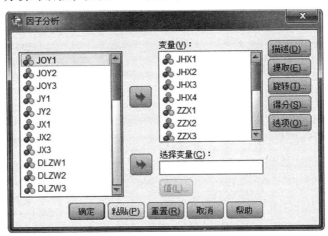

图 8-3　因子分析变量导入对话框

将需要进行因子分析的变量转入右边的变量框中，在描述工具栏中选择"系数""KMO值"和"巴特利特球形检验"，在旋转工具栏选择最大方差旋转法，然后点击"确定"，就得到如表8-5所示的分析结果。

表8-5　KMO值和巴特利特球形检验结果

KMO取样适切性量数		0.854
巴特利特球形检验结果	近似卡方	2138.922
	自由度	120
	显著性	0.000

从KMO值和巴特利特球形检验的分析结果中，发现KMO值为0.854，表明这些变量适合进行因子分析，并且显著性为0.000，表明巴特利特球形检验分析结果显著。

从表8-6中，我们可以看出，通过主成分法进行因子分析，从原始的16个变量中提取了4个公因子，这4个公因子可以解释总方差的63%以上。

表8-6　方差解释分析

成分	总方差解释								
	初始特征值			提取载荷平方和			旋转载荷平方和		
	总计	方差百分比/%	累积/%	总计	方差百分比/%	累积/%	总计	方差百分比/%	累积/%
1	5.306	33.163	33.163	5.306	33.163	33.163	3.429	21.430	21.430
2	1.926	12.036	45.200	1.926	12.036	45.200	2.329	14.554	35.984
3	1.787	11.171	56.371	1.787	11.171	56.371	2.254	14.086	50.070
4	1.068	6.677	63.048	1.068	6.677	63.048	2.077	12.979	63.048
5	0.826	5.166	68.214						

续表

总方差解释									
成分	初始特征值			提取载荷平方和			旋转载荷平方和		
	总计	方差百分比/%	累积/%	总计	方差百分比/%	累积/%	总计	方差百分比/%	累积/%
6	0.737	4.606	72.820						
7	0.696	4.349	77.169						
8	0.577	3.607	80.776						
9	0.563	3.517	84.293						
10	0.470	2.939	87.233						
11	0.434	2.713	89.946						
12	0.405	2.532	92.478						
13	0.369	2.304	94.782						
14	0.344	2.147	96.929						
15	0.270	1.687	98.616						
16	0.221	1.384	100.000						

注：提取方法为主成分分析法。

进一步分析因子载荷矩阵和旋转后的因子载荷矩阵，可以将不同的因子归入不同的 4 个公因子中，从而进一步将 16 个变量整合为 4 个维度，以便于进行深入的回归分析研究、结构方程模型分析研究等多元统计分析研究。

6. 方差分析

方差分析用于在控制其他变量的影响基础上，检验因变量在控制自变量作用下的均值差异。因此，方差分析一般也用于检验两组或两组以上的均值差异。一般零假设为各组均值相同。例如，假设想要了解男性、女性对巧克力的偏好是否存在差异，可以使用方差分析进行检验。

方差分析需要有一个定量的因变量，以及一个或多个自变量（如男性，女性）。自变量必须是非定量的，非定量的自变量称为因子。单因子方差分析，涉及一个因子。多因子方差分析，涉及两个或两个以上因子。

8.3　调研报告的概念与内容

8.3.1　调研报告

调研人员在完成实地调查后，通过对资料进行整理、分析，最后会以一份报告的形式呈现出来，该报告就是市场调研报告。完成市场调研报告是市场调研的最后一步。调研报告包括书面报告和口头报告。书面报告是以可视化的形式将调研问题、调研目标、调研过程、所抽取的样本情况、样本分析等内容呈现出来，内容包括文字、图像、表格、数据分析报告等。口头报告指调研人员将研究过程、研究结果等口头表述给相关人员，对方有不理解的地方可以及时提问，调研人员给予解答。

8.3.2　调研报告的作用

调研报告有以下四个方面的作用：

（1）调研报告对整个调研过程进行了总结和概括。通过调研报告，可以了解调研问题和所要达到的目标，调研人员为了实现目标，首先设计问卷或开发量表，走入市场和消费者人群，随机抽取样本，发放问卷，实施调研；然后回收问卷，整理资料，对收集到的资料进行数据分析，解读分析结果，提出假设，构建模型，将数据代入模型中检验假设，分析检验结果；最后得出结论，并将结论清晰表述出来。以上内容将全部出现在调研报告中。因此通过阅读调研报告，可以知晓整个调研的过程。

（2）调研报告也是对调研人员专业能力、工作态度的一种考察方式。由于调研报告涵盖了调研全过程，因此可以根据各个步骤完成的质量来评价调研人员的专业基础以及知识的应用能力。比如，问卷的编制是否科学，样本抽样是否合理，数据分析方法的选用是否得当等。此外，调研报告的格式、布局、排版、细节内容可以反映调研人员的工作态度和细心程度，如格式是否工整、布局是否清晰、附录是否完整、脚注是否及时标出等。因此，可以利用调研报告对调研人员做一个侧面评价。

（3）调研报告的研究结论可以指导接下来的市场营销活动。通过调研报告，可以了解消费者特征、市场情况，预测接下来可能发生的变化，从而为接下来准备开展的市场活动做出科学的决策。比如某公司新推出一款新产品，但是无法确定定价策略，于是可以通过调研报告了解潜在消费者的偏好、特点、月收入、消费习惯等信息，根据研究结论，制定决策，从而探索出一套能够获得最大预期收益的定价策略。因此，调研报告的研究结论可以直接指导企业经营实践，为经营者带来经济效益。

（4）调研报告可以为以后类似研究提供参考。当下一次再进行调查研究时，可以参考本次报告的逻辑、内容、方法等，节省调研人员的时间，提高工作效率。比如，当下次遇到的样本情况和本次类似时，可优先考虑本次的抽样方法。另外，总结好本次研究的经验和教训，再次实施调研时在类似地方可多加注意，避免再次出错。发生意外状况时，可参考本次的解决策略，从容应对问题，减少紧张和慌乱。因此，调研报告不仅可以为本次调研提供价值，也可以为未来的调研提供价值。

8.3.3 调研报告的内容

1. 标题

调研报告的第一页要醒目标明研究题目。题目需要简洁精练，并且含有关键信息，使人通过题目便可了解研究主题。可以只设一个标题，也可以设正、副标题。第一页的下方应注明项目负责人及其单位、调研人员及其单位以及报告日期。

2. 相关信件

信件包括授权信和提交信。授权信是在调研项目实施之前由客户写给调研人员的，交代调研的内容、要求以及合同条款等；提交信是调研人员在完成调研项目之后写给客户的，交代调研的过程以及最终得出的调研结论。

3. 目录

目录是为了方便查阅想要看的内容，在正文之前列出调研报告各部分内容的标题及页码。当想浏览某一部分时，直接通过目录链接即可跳转，方便快捷。如果篇幅允许，各级标题最好都在目录中列出来。另外，在内容目录之后，还可以列表格目录、图像目录等。

4. 摘要

摘要是对调研内容和调研结果的概括。这一部分可省略一切的过程说明、分析解读，只讲出结论性内容即可。摘要包括调研目的、调研问题、调研结果以及最终结论四个方面内容。

5. 正文

（1）引言。引言部分需交代调研的背景，阐述调研的问题，简要说明调研的过程，列出调研所采用的方法，陈述调研的结果以及总结调研的结论，是对摘要的扩展。

（2）调研过程。这一部分记录了调研项目实施的流程，从调研设计、问卷设计、样本抽取到回收资料、分析资料的过程均进行详细讲述。同时指明抽样的方法以及数据分析的方法。

（3）数据分析。该部分详细讲述数据分析的过程，从数据录入到得出结果均进行记录，以证明数据分析的可靠性，同时也要证明采取该数据分析方法的合理性。

（4）调研结果。调研结果需要紧紧围绕调研问题来描述，包括图像解读、表格解读、访谈解读、数据分析结果解读等，为接下来的调研结论提供理论支撑。

6. 调研局限

任何调研都带有一定的局限性，在这部分需要讲明在调研中所遇到的问题及解决对策。调研局限包括客观条件的局限，如人员、资金、时间等的局限，也包括调研方案的局限，如程序问题、误差等。

7. 调研结论

调研结论是对调研结果的总结，不仅要讲述结论的理论意义，还要阐明实践意义。在理论上，调研结论是对调研问题的回答；在实践上，调研结论为实际的市场经营活动提供指导。

8. 附录

附录是对正文内容的补充。有些内容可能受篇幅限制，也可能不适合穿插在文字中，故以附录形式在文末列出。附录通常包括表格、图像、代码、计算步骤、问卷等。

8.4 调研报告的撰写

8.4.1 调研报告撰写的原则

1. 顺序性原则

调研报告的撰写需要遵守顺序性原则，即要按项目整个实施过程的时间顺序来写，从而体现调研过程的逻辑性，客户阅读报告时也更容易理解。因此，撰写调研报告时不能采用跳跃式思维，导致客户浏览时思路混乱。报告可以在前文部分（摘要和引言）介绍调研背景、研究路线，在正文部分讲述调研过程，在末尾部分阐述调研结论。

2. 客观性原则

调研报告的撰写要遵守客观性原则。对内容的阐述需要基于客观实际，不能为了结论看起来完美而故意夸大事实，访谈的记录、问卷的数据、资料分析的结果均不能篡改、歪曲。客观性原则是撰写调研报告的底线，如果未能遵守，将使整个调查研究失去意义，调研结论也不能用来指导实践。因此，调研报告的各个部分一定要客观陈述和记录。

8.4.2　调研报告撰写的注意事项

1. 调研报告的内容需要通俗易懂

很多客户并不是专业人员，对一些专业术语可能不熟悉。如果报告中采用过多生僻、晦涩的语言，会导致客户阅读时出现障碍，不能准确地理解调研内容。因此，调研报告在撰写时，应尽可能采用简洁的、直白的句子，对于不常见的专业术语要加以解释，从而让客户在浏览时可以形成清晰的思路，迅速理解报告内容。另外，在保证报告文字规范性的前提下，要尽可能使语言生动、活泼，提高可读性，使客户阅读时可以一直保持兴趣。

2. 调研报告应包括多种表现形式

调研报告不应只有文字，否则客户阅读起来会枯燥乏味。所以，报告中需要适当插入图像、表格等内容，以对文字部分加以说明。图表可以将变量之间的关系清晰呈现出来，也可以使数据更加直观，还可以使报告内容更加严谨。因此，调研报告需要图文并茂，善于利用表格和图像，使报告更加专业、规范。

❓思考题

1. 整理调研资料的目的是什么？

2. 调研报告包括哪些内容？

3. 撰写调研报告有哪些注意事项？

4. 以调查用户对某网络游戏的印象为主题，尝试撰写一份调研报告。

参考文献

［1］欧阳卓飞. 市场营销调研［M］. 3 版. 北京：清华大学出版社，2016.

［2］罗胜强，姜嬿. 管理学问卷调查研究方法［M］. 重庆：重庆大学出版社，
2018.

［3］蔡继荣，郝渊晓. 市场营销调研学［M］. 广州：中山大学出版社，2009.

［4］胡介埙，周国红，周丽梅. 市场营销调研［M］. 3 版. 大连：东北财经大
学出版社，2015.

［5］纳雷希·马尔霍特拉. 营销调研精要［M］. 张婧，译. 北京：中国人民
大学出版社，2016.

［6］纳雷希·K. 马尔霍特拉. 市场营销研究：应用导向［M］. 5 版. 北京：
电子工业出版社，2010.